Gebrauchsanleitungen
nach DIN EN 82079-1

DIN

M. Galbierz, W. Pichler,
S. Schneider, M. Tillmann

Gebrauchsanleitungen nach DIN EN 82079-1

1. Auflage 2014

Herausgeber:
DIN Deutsches Institut für Normung e. V.

Beuth Verlag GmbH · Berlin · Wien · Zürich

Herausgeber: DIN Deutsches Institut für Normung e.V.

Berlin · Wien · Zürich
Am DIN-Platz
Burggrafenstraße 6
10787 Berlin

Telefon: +49 30 2601-0
Telefax: +49 30 2601-1260
Internet: www.beuth.de
E-Mail: info@beuth.de

Titelbild: © Dmitry Kalinovsky,
Benutzung unter Lizenz von shutterstock.com
Satz: L101 Mediengestaltung, Berlin
Druck: schöne drucksachen GmbH, Berlin
Gedruckt auf säurefreiem, alterungsbeständigem Papier nach DIN EN ISO 9706

ISBN 978-3-410-23496-8

Über die Autoren

Dipl.-Ing. EUR ING Martin Galbierz

Nach seinem Studium der Maschinentechnik war Herr Galbierz über 15 Jahre in technischen Prüforganisationen für die Bewertung von Erstellungsprozessen und Anleitungen und zuletzt für die Niederlassung Essen verantwortlich, bis er sich 2009 mit Ingenieurbüro selbstständig machte.

Martin Galbierz ist als „Öffentlich bestellter und vereidigter Sachverständiger für technische Dokumentation“ Schiedsrichter bei der tekom e.V. und stellv. Obmann des DIN-Arbeitsausschusses „Dokumentationswesen“ im Normenausschuss Technische Grundlagen (NATG). Hierbei unterstützt Herr Galbierz Unternehmen mit Beratungs-, Schulungs- sowie Erstellungsleistungen und erstellt Gutachten bei gerichtlichen Auseinandersetzungen.

Dipl.-Ing. Dipl.-Betrw. Wolfram W. Pichler

Nach einigen Jahren Projektierung von Industrie-Anlagen war Herr Pichler in einem Fachverlag als Technik-Redakteur tätig. Danach war er in einigen Industrie-Unternehmen für die Abteilungen „Gebrauchs- und Betriebsanleitungen“ verantwortlich, bis er sich 1984 mit dem „ingenieur-büro pichler berlin“ als externer Dienstleister selbstständig machte.

Wolfram W. Pichler ist seit 1991 Privatdozent für technische Dokumentation und seit 2004 „Öffentlich bestellter und vereidigter Sachverständiger für technische Dokumentation“. Er ist Mitarbeiter im VDI-Richtlinienausschuss „Technische Dokumentation“ und im DIN-Arbeitsausschuss „Dokumentationswesen“ im Normenausschuss Technische Grundlagen (NATG).

Herr Pichler ist im ganzen Land auf Seminarreisen unterwegs zu den Themen „EG-Konformitätsbewertung“, „CE-konforme Betriebsanleitungen“, „Verständlich texten“ und „Normenarbeit“.

Dipl.-Ing. Stephan Schneider

Herr Schneider war nach Abschluss des Studiums der Elektrischen Energietechnik über 5 Jahre als Entwicklungsingenieur tätig. 1995 wechselte er in den Bereich Technische Redaktion bei SEW-EURODRIVE, einem Marktführer in der Branche der Antriebsautomatisierung.

Mit der Übernahme der Leitung der Technischen Redaktion und des Übersetzungsmanagements im Jahr 2002 richtete Herr Schneider seinen Bereich strategisch auf die steigenden Anforderungen eines „Global Players“ und der zunehmenden Produktvielfalt aus.

Seine umfangreichen Erfahrungen in den Bereichen Content Management und Prozessgestaltung gibt Herr Schneider durch zahlreiche Vorträge u. a. bei der tekom e.V., Technische Akademie Esslingen und der Vogel Business Media weiter und ist im DIN im Arbeitsausschuss „Dokumentationswesen" im Normenausschuss Technische Grundlagen (NATG) aktiv.

Dipl.-Ing. Martin Tillmann

Der diplomierte Maschinenbauer mit Schwerpunkt Energie- und Verfahrenstechnik war nach seinem Abschluss einige Jahre als wissenschaftlicher Mitarbeiter am Institut für Umweltverfahrenstechnik der Universität Essen im Bereich der Kraftwerksforschung tätig.

Nach verschiedenen beruflichen Stationen, u. a. als Niederlassungsleiter bei einem Dienstleister für Technische Dokumentation, gründete Herr Tillmann 2002 das Unternehmen Engineering & Dokumentation Tillmann und richtete die Leistungen auf Unterstützung bei der CE-Kennzeichnung und Erstellung von Technischen Dokumentationen im Maschinen-, Anlagenbau aus.

Herr Tillmann ist ausgebildeter Technischer Autor und CE-Koordinator sowie BDSF-geprüfter Sachverständiger und Mitarbeiter im DIN im Arbeitsausschuss „Dokumentationswesen" im Normenausschuss Technische Grundlagen (NATG).

Vorwort

Die DIN EN 82079-1 ist seit Juni 2013 erhältlich und löst die Vorgängernorm DIN EN 62079 ab. Rückblickend kann man sagen, dass der Siegeszug der DIN EN 62079 den Alltag von Technik-Redakteuren maßgeblich geprägt hat. Endlich gab es eine Norm, die sich wie keine andere zuvor detailliert mit der Erstellung von Gebrauchsanleitungen auseinandersetzt. Die Anforderungen waren, zumindest für qualitätsorientierte Unternehmen, nicht neu, aber darauf kam es nicht an. Die DIN EN 62079 war umfassend und „international" und half manchem Ersteller von Anleitungen, seine Argumente für eine bessere Anleitungsqualität normativ zu begründen. Den Bezügen in harmonisierten Sicherheitsgrundnormen, anerkannten Regelwerken und nicht zuletzt der Aufnahme in das Verzeichnis 2 des Produktsicherheitsgesetzes als sicherheitsrelevante Norm verdankte die DIN EN 62079 ihre zunehmende Beachtung in Unternehmen.

Die Messlatte für die DIN EN 82079-1 liegt hoch und ist eng verbunden mit der Frage, ob die Erfolgsgeschichte um einen weiteren Quantensprung fortgeführt wird. Augenfällig ist zunächst die neue Bezeichnung. In der Normenreihe 60000 sind vorwiegend elektrotechnische Normen zu finden. Im Zuge der Mitträgerschaft der ISO fand der Übergang in die Normenreihe 80000 statt, in der Normen i.d.R. aus mehreren Teilen bestehen. Damit ist der Weg geebnet, weitere Teile mit spezifischen Inhalten zu erstellen.

Die Bandbreite für weitere Teile ist groß und kann folgende Themen enthalten:

- Gebrauchsanleitungen für bestimmte Anleitungstypen, z.B. überwiegend visuelle Anleitungen (z.B. Montaganleitungen für Möbel), Kurzanleitungen
- Gebrauchsanleitungen für unterschiedliche Softwareanwendungen, z.B. Steuerungssoftware, Überwachungsprogramme, Anwendungsprogramme
- Gebrauchsanleitungen für bestimmte Nutzergruppen, z.B. Kinder, Senioren
- Mediengerechte Anforderungen, z.B. für Internet, Smartphones, Tablets
- Produkt- und branchenspezifische Anforderungen, z.B. (Kraftwerks-) Anlagen, Investitionsgüter, Spielzeug, Medizingeräte.

Seit der Veröffentlichung der DIN EN 62079 im Jahr 2001 hat sich mit fortschreitender Dynamisierung der Märkte und technischen Errungenschaften auch ein Wandel im Kommunikations- und Kaufverhalten vollzogen. Das Ziel einer Gebrauchsanleitung besteht darin, eine sichere Produktnutzung zu ermöglichen. Und dennoch ist der Alterungsprozess der DIN EN 62079 an vielen Stellen spürbar. Blicken wir einige Jahre zurück, so sah die Welt noch etwas anders aus: Die heutigen Marktführer Amazon und ebay rangen auf dem deutschen Markt um Bekanntheit und offerieren mittlerweile jedem Internet-Nutzer ein weltweites Produktportfolio (eine weltweite Produktvielfalt). Studenten der Harvard-Universität legten den Grundstein für ein soziales Netzwerk und zählen heute über 1 Milliarde Mitglieder. Einige Jahre später schaffte es ein kriselnder Hersteller aus den USA, die Ära der Smartphones einzuleiten und das Internet mobil zu machen. In naher Zukunft sind es möglicherweise 3D-Drucker, für die Produkte, wie bei Musik, Videos und Hörbüchern üblich, als Datensätze zum Download angeboten werden.

Der Markt spornt Unternehmen zu immer neuen Höchstleistungen an. Die Fähigkeit, Marktchancen frühzeitig zu erkennen und in Erfolge umzuwandeln, setzt eine hohe Reaktionsgeschwindigkeit und Prozessflexibilität voraus. Die Gebrauchsanleitung als Bindeglied zwischen Technik und Mensch beschleunigt nicht nur die Akzeptanz und somit die Etablierung neuer Technologien, sie ist auch gehalten, diese zu nutzen. Eine Überarbeitung der DIN EN 62079 war unausweichlich und wurde von vielen nationalen und internationalen Organisationen begleitet. Bei punktuellen Änderungen blieb es nicht und es zeigte sich erst im Laufe der Überarbeitung, dass eine strukturelle Neuordnung zwar immer notwendiger erschien, aber den Zeitpunkt der Veröffentlichung aufgrund des hierzu erforderlichen Abstimmungsprozesses zu sehr in die Länge gezogen hätte.

Die wesentlichen Änderungen der DIN EN 82079-1 zur Vorgängernorm DIN EN 62079 resultieren vor allem aus der prozessorientierten Ausrichtung, die Methoden favorisiert und sich weniger in starren Vorgaben und „Kochrezepten“ erschöpft.

Die Änderungen im Überblick:

- Vorausleistungen, z. B. Zielgruppenanalyse, Risikobeurteilung, Recherchen als Basis des Erstellungs- und Informationsprozesses.
- Qualitätsvorgaben, z. B. für den Übersetzungsprozess.
- Qualifikationskriterien für Prozessbeteiligte.
- Berücksichtigung von Produktvarianten und unterschiedliche Zielgruppen, z. B. Internet-Käufer, Migranten.
- Einsatz neuer Medien, z. B. Publizierung von Gebrauchsanleitungen im Internet.
- Die vermeintlich glückselig machende Mindestschriftgröße 9 p gibt es so nicht mehr. Je nach Einsatzfall sind Schriftgrößen von 6 p bis 16 p vorgesehen.

- Komplett überarbeitet: Sicherheits- und Warnhinweise, verbunden mit der Aufnahme der Signalwörter nach (DIN) ISO 3864-2.
- Neues Kap. 7 zur Qualitätssicherung: „Bewertung der Konformität mit dieser Norm".
- Anhang D fokussiert jetzt den Erstellungsprozess: Die „Planung der Vorbereitung einer Anleitung" ersetzt das exemplarische Inhaltsverzeichnis.
- Neuer Anhang E: „Empirische Methoden zur Unterstützung des Erstellungsprozesses von Anleitungen".

Damit es dem Leser leichter fällt, zusammenhängende Anforderungen der DIN EN 82079-1 sowie Einzelanforderungen schneller zu erfassen, haben sich vier Autoren aus unterschiedlichen Branchen im vorliegenden Normenkommentar mit den thematischen Schwerpunkten auseinandergesetzt und ihre Sichtweise einfließen lassen. Dabei sind Redundanzen in den einzelnen Ausführungen durchaus beabsichtigt und z. T. unerlässlich: So ist beispielsweise die Zielgruppenanalyse einerseits ein unabdingbarer Bestandteil für einen bedarfsorientierten Entwicklungsprozess, verlangt andererseits auch eine Betrachtung nach sicherheitsrelevanten Gesichtspunkten.

Themenfeld	**Autor**	**Kap. im Normenkommentar**
Grundsätzliche Anforderungen	S. Schneider	Kap. 1–4
Anforderungen an den Inhalt	M. Tillmann	Kap. 5
Anforderungen an die Gestaltung	W. Pichler	Kap. 6
Anforderungen an die Instruktionssicherheit	M. Galbierz	Kap. 7
Anforderungen an den Prozess	S. Schneider	Kap. 8

Bei dem Kommentar handelt es sich um eine Erstauflage und es gibt naturgemäß einige Verbesserungspunkte, die wir bei der nächsten Auflage gern berücksichtigen. Kritik, Wünsche und kontroverse Diskussionen sind ausdrücklich willkommen.

Der Beuth Verlag und die Autoren wünschen dem Leser eine kurzweilige und informative Zeit mit dem Kommentar.

Berlin, im November 2013 Martin Galbierz, Wolfram W. Pichler, Stephan Schneider und Martin Tillmann

Inhalt

Seite

Anwendungsbereich 1

[Stephan Schneider]

Die DIN EN 82079-1 beschreibt die allgemeinen Prinzipien, nach denen alle Arten von Anleitungen für Produkte jeglicher Art erstellt werden sollen, und nennt zudem detailliert die Anforderungen an die Erstellung. Nun hat sich für die verschiedensten Produkte in den unterschiedlichsten Branchen eine Vielzahl von Bezeichnungen für Anleitungen etabliert. Die nachfolgende Aufzählung nennt beispielhaft einige dieser Bezeichnungen:

- Gebrauchsanweisung
- Gebrauchsanleitung
- Montageanleitung
- Installationsanleitung
- Betriebsanleitung
- Handbuch
- Kurzanleitung

Diese Bezeichnungen sind teilweise historisch gewachsen, aber teilweise auch Ergebnis rechtlich-normativer Vorgaben. Beispielsweise fordert die EG-Maschinenrichtlinie die Bezeichnungen Montageanleitung und Betriebsanleitung. Dies steht nun im Widerspruch zur DIN EN 82079-1, die für alle Arten von Anleitungen die Bezeichnung Gebrauchsanleitung vorschreibt. Ein richtiger Ansatz, um mehr Konsistenz und somit auch mehr Qualität zu erzielen. Wenn keine Rechtsvorschriften oder andere Normen abweichende Bezeichnungen erzwingen, sollte eine Anleitung konsequenterweise Gebrauchsanleitung genannt werden. Der Umfang einer Gebrauchsanleitung ist dabei nicht auf anleitende Inhalte, z. B. Arbeitsschritte zur Installation, begrenzt. Selbstverständlich müssen auch Lerninhalte, z. B. Software-Beschreibung, und Inhalte zum Nachschlagen, z. B. Sicherheitskennwerte, berücksichtigt werden. Somit kann ein Software-Handbuch XY durchaus Gebrauchsanleitung für Software XY genannt werden.

Mit Produkten aller Art sind im Sinne der DIN EN 82079-1 ausdrücklich sowohl Verbraucherprodukte als auch Produkte aus dem Bereich der Investitionsgüter gemeint. Dies können hoch komplexe und sehr erklärungsbedürftige Produkte sein genauso wie sehr einfache, fast selbsterklärende Produkte. Von Software-/Elektronikprodukten bis hin zu mechanischen oder chemischen Produkten. Die Norm sagt hierzu in Kapitel 1 „... von Produkten aller Art ... von einer Dose Farbe bis zu großen oder sehr komplexen Produkten, wie z. B. großen Industriemaschinen ...“. Deshalb kann die DIN EN 82079-1 auch keine Aussage dazu machen, welcher Umfang an Anleitungen zusammen mit dem Produkt ausgeliefert werden muss. Dies hängt stark ab von der Komplexität des Produkts und auch von der Gefahr, die von dem Produkt ausgeht. Eine Kreissäge oder eine Presse stellt andere Anforderungen an Inhalt und Umfang der mitzuliefernden Gebrauchsanleitungen als eine Digitalkamera oder ein Sensor.

Angesprochen werden mit der Norm alle Personen, die am Erstellungsprozess von Anleitungen beteiligt sind. Wichtig hierbei ist, dass nicht nur die ausführenden Personen, beispielsweise externe Berater, Entwickler, Produktingenieure, Technische Redakteure, Technische Illustratoren und Übersetzer, gemeint sind, sondern auch die für Erstellungsprozesse, Organisationsstrukturen, Ressourcen und Konzepte verantwortlichen Personen. Dies sind typischerweise Redaktionsleiter und Produktmanager, aber auch die Geschäftsführung. In Kapitel D.2 der DIN EN 82079-1 steht hierzu: „Es ist die Verantwortung der Geschäftsleitung, die Ressourcen, Zeitpläne und Qualitätsziele so festzulegen, dass die Planung, Erstellung und Bereitstellung eine qualitativ hochwertige Gebrauchsanleitung zur Folge hat.“ In diesem Kapitel wird sinngemäß weiterhin gesagt, dass die Entwicklung der Gebrauchsanleitung parallel zur Entwicklung der Produktgestaltung betrachtet werden sollte und dass die Geschäftsleitung die erforderlichen Ressourcen bereitstellen sollte. Die Hinweise sind zwar im Konjunktiv formuliert, jedoch lässt sich hieraus klar ableiten, dass Technische Dokumentation und Übersetzungsmanagement als Managementaufgaben betrachtet werden müssen und hier die Geschäftsleitung eine klare Delegationsverantwortung hat.

Delegationsverantwortung meint in diesem Zusammenhang, dass folgende Aspekte berücksichtigt werden:

- Technische Dokumentation und Übersetzungsmanagement haben einen angemessenen Stellenwert im Unternehmen.
- Die Verantwortlichen für Technische Dokumentation und Übersetzungsmanagement werden bei der strategischen Entwicklung des Unternehmens angemessen berücksichtigt, um die richtigen Prozesse zu entwickeln und zu installieren.
- Aufbau der richtigen Organisationsstruktur.
- Die erforderlichen Ressourcen werden bereitgestellt.

Normative Verweisungen 2

[Stephan Schneider]

An erster Stelle verweist die DIN EN 82079-1 auf die DIN IEC 60204-1: 2005 mit dem Titel Sicherheit von Maschinen – Elektrische Ausrüstungen von Maschinen – Teil 1: Allgemeine Anforderungen. Dieser Teil 1 beschreibt die allgemeinen Festlegungen und Empfehlungen für die Sicherheit, Funktionsfähigkeit und Instandhaltung der elektrischen Ausrüstung von Maschinen. Dies macht deutlich, dass die Sicherheit von Produkten und die Vermeidung von Gefahren einen hohen Stellenwert in der DIN EN 82079-1 genießen. Dies wird auch deutlich durch die weiteren normativen Verweise auf DIN EN ISO 12100 „Sicherheit von Maschinen", DIN EN ISO 11683 „Verpackung – Tastbare Gefahrenhinweise – Anforderungen" und ISO/IEC Guide 51:1999 „Leitfaden für die Aufnahme von Sicherheitsaspekten in Normen".

Des Weiteren wird auf die DIN IEC/PAS 62569-1:2009 mit dem Titel Allgemeine Regeln zur Erstellung von Produktspezifikationen – Teil 1: Grundsätze und Methoden verwiesen. Weitere Verweise beziehen sich auf verschiedene Normen zu den Themen Grafische Symbole, Schutzarten, Identifikationssysteme und Ergonomie. Bemerkenswert ist noch der Verweis auf ISO/IEC Guide 71:2001 „Leitlinien für Normungsgremien zur Berücksichtigung der Bedürfnisse älterer Menschen und Menschen mit Behinderungen". Ein deutlicher Hinweis darauf, dass diese Personengruppen als Zielgruppe bei der Erstellung von Anleitungen angemessen berücksichtigt werden müssen.

Die DIN EN 82079-1 geht nicht detailliert auf Darstellungs- und Kennzeichnungsregeln ein, die in anderen Normen festgelegt sind. Bild 1 gibt eine Übersicht über diese Normen.

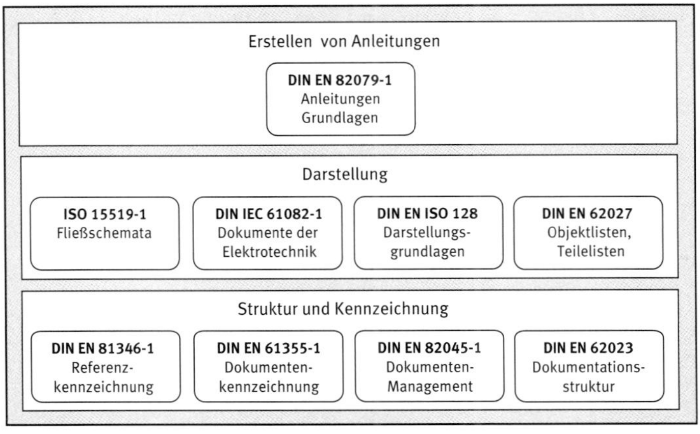

Bild 1: Relevante Normen bezüglich Darstellung, Struktur und Kennzeichnung

Begriffe 3

[Stephan Schneider]

In einem separaten Kapitel der Norm werden alle relevanten Begriffe erklärt, die für das Verständnis der DIN EN 82079-1 von Bedeutung sind. Wenn möglich, werden Begriffe und Definitionen verwendet, die bereits in anderen Normen und Richtlinien enthalten und beschrieben sind. Beispielsweise der Begriff „Dokumentation“, hier wird die Definition aus der IEC 61082-1:2006 (DIN EN 61082-1), Definition 3.1.4 verwendet.

Prinzipien 4

[Stephan Schneider]

Im Kapitel 4 „Prinzipien" der DIN EN 82079-1 werden die grundlegenden Regeln für die Konzeption und Erstellung von Anleitungen genannt und beschrieben. Folgende Anforderungen werden dabei beleuchtet:

- Zielgruppen berücksichtigen
- Anleitung als Teil des Produkts betrachten
- Anleitungen in geeigneter Weise bereitstellen
- Qualität sicherstellen und Risiken verringern
- Kompetenzen der beteiligten Personen sicherstellen
- Anleitungen in weiteren Sprachen bereitstellen

Leider werden diese Themengebiete nicht zusammenhängend betrachtet, sondern sind an verschiedenen Stellen im Kapitel 4 zu finden. Die folgenden Kommentare zu „Prinzipien" sind deshalb nicht entsprechend der Kapitelstruktur der DIN EN 82079-1 aufgebaut, sondern in der Reihenfolge der oben aufgelisteten Anforderungen.

Zielgruppen berücksichtigen 4.1

Zu Beginn des Kapitels 4 wird darauf hingewiesen, dass die Kenntnisse und Bedürfnisse der Zielgruppen berücksichtigt werden müssen. Konkret wird gefordert, dass Beschreibungsniveau und Umfang der Informationen zur Zielgruppe passen. Wörtlich heißt es im Kapitel 4.1.1: „Das Niveau der Beschreibung und die Informationstiefe müssen den Kenntnissen der Zielgruppe(n) angepasst sein."

Im Kapitel 4.4 wird dies präzisiert. Konkret wird gefordert, dass die Zielgruppen in Bezug auf Altersgruppe, Sprache, fachliches Wissen und fachliche Ausbildung betrachtet werden. Werden mit einer Anleitung mehrere Zielgruppen angesprochen, muss klar ersichtlich sein, welche Zielgruppe mit welchen Informationen angesprochen wird. Im Kapitel 4.8.2 wird ergänzend hierzu gefordert, die Bedürfnisse der Zielgruppen zu berücksichtigen. Hierbei müssen Personen mit besonderen Bedürfnissen ebenfalls berücksichtigt werden.

Für die Konzeption und Erstellung von Anleitungen lassen sich daraus folgende Vorgaben ableiten:

- Ermitteln, welche Zielgruppen das Produkt anwenden bzw. anwenden sollen. Achtung: die tatsächlichen Zielgruppen können von den vorgesehenen Zielgruppen abweichen, die mit einem Produkt ursprünglich angesprochen werden sollten.

- Zielgruppenanalyse durchführen. Folgende Fragen beantworten:
  - Welche analytischen Methoden sollen angewendet werden? Beispielsweise Usability-Tests, Befragungen, Checklisten, Gutachten oder auch Auswertung Service-Protokolle.
  - Welche kulturellen Besonderheiten müssen berücksichtigt werden?
  - Welche Altersgruppen werden angesprochen? Muss die Anleitung im Besonderen kindgerecht oder seniorengerecht sein?
  - Welches sprachliche Niveau wird erwartet? Müssen nicht-muttersprachliche Anwender besonders berücksichtigt werden?
  - Müssen funktionale Analphabeten berücksichtigt werden?
  - Welche Fähigkeiten und Kenntnisse dürfen vorausgesetzt werden? Müssen Menschen mit Behinderung als Zielgruppe besonders berücksichtigt werden?
  - Muss berücksichtigt werden, dass Personen nur unter Aufsicht das Produkt benutzen dürfen?
  - Muss berücksichtigt werden, dass das Produkt und somit auch die Anleitung unter besonderen Bedingungen genutzt wird? Das können besondere Umgebungsbedingen sein, aber auch Ablenkungen durch andere Personen.
  - Wie wird die Anleitung von den Zielgruppen genutzt? Beispielsweise Anleitung nur als Nachschlagewerk, wenn etwas nicht funktioniert, oder auch als Lernanleitung, um einen Sachverhalt zu verstehen?
  - Welche Erwartungen haben die Zielgruppen an die Anleitung?
  - Welche Erwartungen haben die Zielgruppen an das Produkt? Zu erwartendes Nutzerverhalten?
  - Müssen empirische Untersuchungen durchgeführt werden, um die Bedürfnisse der Zielgruppen zu ermitteln? Im Anhang E der DIN EN 82079-1 wird dies ausführlich beschrieben.
- Auf Basis der Ergebnisse der Zielgruppenanalyse die Anleitung konzipieren:
  - Geeignete Terminologie festlegen. Nur Begriffe und Ausdrücke verwenden, die von den zu erwartenden Zielgruppen sicher verstanden werden. Beispielsweise können englische Ausdrücke für Senioren unverständlich sein, für Jugendliche sind sie selbstverständlich. Spricht das Produkt Jugendliche und Senioren gleichermaßen an, muss dies beachtet werden. Die Herausforderung

ist dann, Begriffe zu finden, die von Senioren verstanden werden und die Jugendlichen nicht als altmodisch empfinden. Generell mit Entlehnungen aus anderen Sprachen sparsam umgehen, ganz vermeiden geht natürlich nicht. Eventuell an geeigneter Stelle erklären.

- Sprachliches Niveau festlegen und Formulierungsstile definieren. Anleitungen für Verbraucherprodukte richten sich meistens auch an Personen, welche die Anleitung nicht in ihrer Muttersprache lesen. Einfache und leicht verständliche Formulierungen sind somit besonders wichtig.
- Illustrations- und Grafikkonzept entwickeln. Möglichst viele Inhalte textarm oder sogar textlos nur mit Illustrationen und Grafiken vermitteln. Dies erleichtert Nicht-Muttersprachlern und funktionalen Analphabeten den Zugang zur Anleitung und somit auch zum Produkt und kann für diese Zielgruppen die Sicherheit des Produkts erhöhen. Schöner Nebeneffekt: Falls die Anleitung in einen großen Sprachenkreis übersetzt wird, können durch diese Maßnahme die Übersetzungskosten deutlich reduziert werden.
- Dokumentationsstruktur entwickeln und festlegen. Welche Anleitungen werden für welche Anforderungen benötigt? Beispielsweise eine Gebrauchsanleitung für Installation, Inbetriebnahme und Betrieb des Produkts und eine separate Gebrauchsanleitung für die Beschreibung der Software (Parameterbeschreibungen).
- Innere Struktur der Anleitung entwickeln und festlegen. Dabei immer am Lebenszyklus des Produkts orientieren und chronologisch vorgehen. Erst die Installation beschreiben und dann die Inbetriebnahme. Darauf achten, dass anleitende Inhalte (z.B. erforderliche Arbeitsschritte zur Installation), Lerninhalte (z.B. Funktionsbeschreibung der Software) und Inhalte zum Nachschlagen (z.B. Technische Daten) nicht miteinander vermischt werden, sondern in voneinander abgegrenzten Informationseinheiten (z.B. unterschiedliche Hauptkapitel oder sogar separate Anleitung) angeboten werden.
- Festlegen, mit welchen Methoden die Anleitungen erstellt werden sollen, beispielsweise strukturiert arbeiten und Informationsmodelle anwenden.
- Unter Anwendung der festgelegten Methoden die Inhalte recherchieren, erfassen, evtl. entwickeln, strukturieren und produzieren. Dabei die festgelegte Terminologie berücksichtigen und die richtigen Formulierungsstile anwenden.
- Qualitätssicherungsmethoden anwenden, Korrekturumlauf durchführen, evtl. auch Qualitätssicherungs-Software verwenden und

die korrigierten Inhalte durch die hierfür festgelegte Instanz freigeben lassen.

- Die freigegebenen Inhalte weiterverarbeiten, typischerweise übersetzen, in die Zielmedien produzieren, verteilen und beobachten.

Fazit:

- Die Zielgruppenanalyse ist außerordentlich wichtig und wird idealerweise schon während der Definitionsphase des Produkts, auf jeden Fall zu Beginn der Produktentwicklung durchgeführt.
- Die Ergebnisse der Zielgruppenanalyse sind wichtige Eingangsgrößen für die Konzeption der Anleitungen.
- Die Ergebnisse der Zielgruppenanalyse können redaktionelle Standards setzen oder verändern, vor allem in Bezug auf Terminologie und Formulierungsstile.
- Die Zielgruppenanalyse kann dazu beitragen, das Risiko zu verringern.
- Die Zielgruppenanalyse kann einen Beitrag zu mehr Kundenzufriedenheit leisten und somit die Kundenbindung erhöhen.

4.2 Anleitung als Teil des Produkts betrachten

Sobald der Anwender für den sicheren und bestimmungsgemäßen Gebrauch eines Produkts Informationen benötigt, muss der Anbieter des Produkts diese Informationspflicht erfüllen und geeignete Anleitungen zur Verfügung stellen. Und dies zum richtigen Zeitpunkt in ausreichender Qualität im richtigen Medium. Die Norm sagt hierzu in Kapitel 4.1.2: „Einem Produkt muss eine Gebrauchsanleitung beigefügt werden, die seinen bestimmungsgemäßen Gebrauch fördert und alle Informationen enthält, die der Nutzer bei Gebrauch des Produkts wissen muss.“

Die Norm erwähnt den bestimmungsgemäßen Gebrauch, der in der Anleitung klar beschrieben sein muss. Viele Produkte können jedoch zweckentfremdet werden: der sogenannte naheliegende nicht-bestimmungsgemäße Gebrauch. Beispielsweise ist es naheliegend, dass ein Bürostuhl auch mal als Leiter verwendet wird, was durchaus ein Verletzungsrisiko mit sich bringt. Somit muss ergänzend zur Erläuterung des bestimmungsgemäßen Gebrauchs auch vor naheliegendem, nicht-bestimmungsgemäßem Gebrauch gewarnt werden. Mit Art und Quelle der Gefahr und möglichen Folgen bei Missachtung. Das Argument, man bringe damit den Nutzer erst auf dumme Ideen, ist nicht stichhaltig. Die

Nutzer sind erfahrungsgemäß ohnehin sehr kreativ und der deutliche Hinweis auf die Gefahr verhindert eventuell den zweckentfremdeten Gebrauch. Natürlich stellt sich auch die Frage: was ist naheliegend? Das ist abhängig vom Produkt und dem zu erwartenden Nutzerverhalten. Auch hier spielen die Ergebnisse der Zielgruppenanalyse eine große Rolle. Man sollte sich wirklich nur auf den naheliegenden nichtbestimmungsgemäßen Gebrauch konzentrieren.

Die für den Nutzer notwendigen Informationen können auch auf mehrere Dokumente aufgeteilt werden. Bei komplexen Produkten und Produkten mit hohem Zulieferanteil, z. B. kompletten Maschinen, ist dies oft unvermeidlich. Die einzelnen Dokumente müssen dann sinnvoll und gut strukturiert angeordnet werden. Hilfreich ist hierbei ein Navigationsdokument, in dem die Struktur der Dokumentensammlung beschrieben wird und den Nutzer zur gewünschten Information leitet.

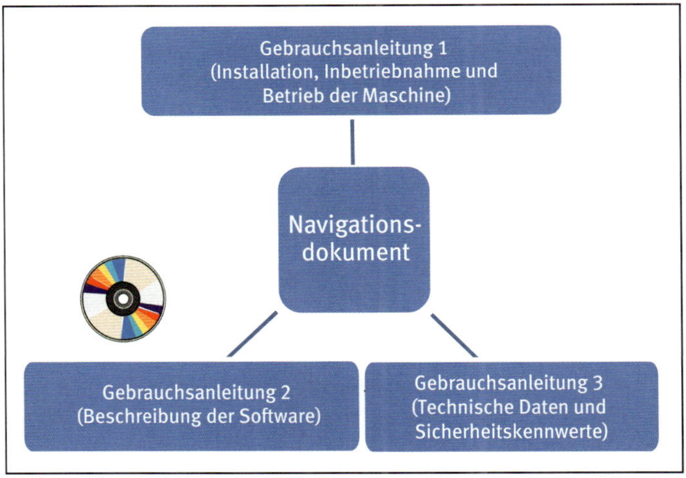

Bild 2: Dokumentensammlung mit Navigationsdokument

Nicht alle Teile der Dokumentensammlung müssen zwingend im Papierformat geliefert werden. Kann das Produkt nur mit PC-Unterstützung genutzt werden, darf ein Teil der Informationen auch digital, z. B. PDF auf DVD, geliefert werden. Im Bild 2 ist das die Gebrauchsanleitung 2 „Beschreibung der Software". Informationen, die für Arbeitsschritte ohne PC-Unterstützung benötigt werden, z. B. Montage und Installation, müssen dagegen im Papierformat bereitgestellt werden. Dies gilt auch für Sicherheitshinweise, die immer im Papierformat geliefert werden sollten.

Wenn ein Produkt in verschiedenen Varianten verfügbar ist, werden in der Gebrauchsanleitung oftmals alle Varianten des Produkts beschrieben. Die Norm sagt hierzu in Kapitel 4.8.1.2: „Wenn Gebrauchsanleitungen mehr als eine Produktvariante beschreiben, muss der Identifizierer einer bestimmten Variante auf Gebrauchsanleitung und Produkt deutlich erkennbar sein, um eine eindeutige Identifizierung sicherzustellen. Die Beziehung zwischen Inhalt der Gebrauchsanleitung und Bedienfunktionen verschiedener Produktvarianten muss eindeutig sein.“ Dabei gibt es zwei Möglichkeiten, die Informationen für die verschiedenen Varianten anzuordnen:

- Eigene Abschnitte für jede Produktvariante, eventuell redundante Informationen, aber sehr komfortabel und sicher für den Nutzer. Der Umfang der Gebrauchsanleitung kann sehr groß werden.
- Alle Varianten werden im gleichen Abschnitt beschrieben. Die Unterscheidung erfolgt in der Informationseinheit, z.B. in der Tabelle durch unterschiedlich gekennzeichnete Tabellenzeilen. Redundanzen werden vermieden und der Umfang der Gebrauchsanleitung ist geringer. Vom Nutzer wird mehr Sorgfalt erwartet. Die Zielgruppenanalyse kann die Frage beantworten, ob dies zumutbar ist und das Risiko von Fehlbedienungen nicht zu groß wird.

Die Informationspflicht endet natürlich nicht mit dem Verkauf und der Auslieferung des Produkts. Mittlerweile darf als Stand der Technik vorausgesetzt werden, dass Gebrauchsanleitungen im Internet zur Verfügung gestellt werden, frei verfügbar oder auch mit Zugangsberechtigung, die beim Kauf des Produkts erworben wird. Die Norm sagt hierzu in Kapitel 4.1.5: „... kann es nützlich sein, über einen internetbasierten Informationsaustausch oder andere Kommunikationsmittel den Nutzern oder Zielgruppen Referenzkopien der Gebrauchsanleitungen ... und andere Informationen zur Verfügung zu stellen ...“. Auf diesem Weg hat der Nutzer Zugang zur jeweils aktuellen Version der Gebrauchsanleitungen und kann auch über sicherheitsrelevante Änderungen informiert werden. Bei sehr kritischen sicherheitsrelevanten Änderungen kann es für Verbraucherprodukte sinnvoll sein, mit Hilfe von Massenmedien über solche Änderungen zu informieren. Dies kann helfen, unangenehmere Maßnahmen durch die Marktaufsichtsbehörde zu verhindern. Bei Investitionsgütern, aber auch bei Konsumgütern mit Registrierung besteht oftmals die Möglichkeit, die Nutzer gezielt anzusprechen.

Natürlich darf die Bereitstellung im Internet nicht mit dem Verkaufsstopp des Produkts enden, sondern muss für einen angemessenen Zeitraum darüber hinaus gewährleistet werden. Dieser hängt ab von der zu erwartenden Lebensdauer des Produkts und kann durchaus mehrere Jahrzehnte betragen.

Fazit:

- Die Anleitung ist Teil des Produkts. Fehlt die Anleitung, ist das Produkt unvollständig. Ist die Anleitung fehlerhaft, gilt das Produkt als fehlerhaft.
- Vor naheliegendem nicht-bestimmungsgemäßem Gebrauch warnen.
- Das Internet nutzen, um nach dem Verkauf die Nutzer weiterhin zu informieren.

Anleitungen in geeigneter Weise bereitstellen 4.3

Die Anleitungen müssen dem Nutzer in geeigneter Weise bereitgestellt werden. Dieser Satz klingt vielleicht einfach, beinhaltet aber eine Vielzahl von Anforderungen und Fragen, die beantwortet werden müssen. Dies sind im Einzelnen die folgenden Punkte:

- Mit welchen Kommunikationsmitteln und in welchen Medien müssen, können oder dürfen die Informationen bereitgestellt werden?
- Wie wird sichergestellt, dass die richtigen Personen die richtigen Informationen erhalten?
- Wie wird sichergestellt, dass die Anleitung verfügbar bleibt und die Nutzer über für sie wichtige Änderungen in den Anleitungen informiert werden?

Die DIN EN 82079-1 macht hierzu an verschiedenen Stellen im Kapitel 4 „Prinzipien" Vorgaben, die nachfolgend thematisch zusammengefasst betrachtet werden.

Mit welchen Kommunikationsmitteln und in welchen Medien müssen, können oder dürfen die Informationen bereitgestellt werden? 4.3.1

Generell gilt, dass die Informationen in einem für die Zielgruppen geeigneten Medium angeboten werden müssen. Auch hier wird wieder deutlich, welche Bedeutung die Zielgruppenanalyse für die Konzeption der Gebrauchsanleitungen hat. Die Norm sagt hierzu in Kapitel 4.7.3: „Die Kommunikationsmittel und Medien müssen der Umgebung und für die verschiedenen Zielgruppen (einschließlich Kinder als Nutzer, ältere Nutzer und Nutzer mit Behinderungen) angemessen ausgewählt werden." Die Norm weist ebenfalls darauf hin, dass die Zielgruppen dauerhaft und leicht Zugang zu allen Informationen haben müssen.

Typischerweise können Informationen mit folgenden Kommunikationsmitteln und in folgenden Medien angeboten werden:

Tabelle 1: Beispiele für Kommunikationsmittel und Medien

		Medien					
		Auf dem Produkt	**Auf der Verpackung**	**Papier**	**Daten-träger**	**Internet**	**Präsenz**
Kommunikationsmittel	Typenschild						
	Barcode oder RFID						
	Text, auch Braille						
	Symbole						
	Illustrationen						
	Online-Hilfen						
	Video, auch Utility-Film						
	Animation, auch interaktiv						
	Webinar						
	Schulung, auch CBT und WBT						

Diese Betrachtung macht deutlich, dass Text nach wie vor das wichtigste Kommunikationsmittel darstellt und in allen Medien verwendet werden kann. Um auch nicht-muttersprachlichen Nutzern und funktionalen Analphabeten den Zugang zu den Inhalten in den Gebrauchsanleitungen zu erleichtern, müssen auch textarme oder sogar textlose Kommunikationsmittel eingesetzt werden. Dies gilt nicht nur für Verbraucherprodukte. Auch bei Investitionsgütern werden für bestimmte Tätigkeiten, z. B. Transport, Montage oder Reinigung, Zielgruppen angesprochen, in denen Nicht-Muttersprachler und funktionale Analphabeten vorkommen. Für die Wahl der Kommunikationsmittel gelten somit folgende Vorgaben:

- Wenn Text, dann zielgruppengerecht formulieren und auf höchstmögliche Konsistenz achten.
- Prüfen, welche Inhalte mit Symbolen und Illustrationen vermittelt werden können.

- Prüfen, ob Videos, Utility-Filme oder Animationen eingesetzt werden können, um z. B. schwierige Montage- oder Handhabungsschritte zu erklären. Das funktioniert allerdings nur, wenn sicher ist, dass die Zielgruppe diese Kommunikationsmittel verwenden kann.
- Wenn Internetzugang vorausgesetzt werden darf, prüfen, ob Webinare eine sinnvolle Ergänzung darstellen.
- Bei sehr komplexen oder auch sehr gefährlichen Produkten können zur Erfüllung der Informationspflicht auch Schulungen oder Einweisungen vor Ort durchgeführt werden. Allerdings sind solche Schulungen kein Ersatz für Gebrauchsanleitungen, sondern als Ergänzung zu verstehen. Die Norm sagt hierzu in Kapitel 4.7.7: „Wenn eine Schulung der Nutzer erforderlich ist, muss es in der Gebrauchsanleitung und, wo anwendbar, auch im Liefervertrag angegeben werden." Im gleichen Kapitel wird ergänzt: „Schulungen der Nutzer sollten angeboten werden, wenn die Gebrauchsanleitung die allgemeinen Anforderungen, ..., wegen der Komplexität des Produkts oder der Notwendigkeit umfassender Nutzerinformationen alleine nicht erfüllen kann oder wenn ausreichende Kenntnisse der Nutzer nicht erwartet werden können".

Natürlich sind auch Informationen zur Identifikation des Produkts wichtige Informationen, die Teil der Gebrauchsanleitung sein müssen. Die Norm sagt hierzu in Kapitel 4.8.1.1: „Die Gebrauchsanleitung muss sich eindeutig auf das gelieferte Produkt beziehen, weshalb sie Angaben in Bezug auf die Identifizierung enthalten muss, mit denen das Produkt gekennzeichnet ist." Zusätzlich zur Gebrauchsanleitung können diese Informationen auch auf dem Produkt oder auf der Verpackung platziert werden, idealerweise maschinenlesbar als Barcode oder RFID. Damit können die Prozesse beim Kunden unterstützt werden. Wenn zusätzlich noch Technische Daten maschinenlesbar angeboten werden, beispielsweise als elektronisches Typenschild, kann die Inbetriebnahme des Produkts wirkungsvoll unterstützt werden. Ein Beitrag, um Fehler zu vermeiden und die Sicherheit des Produkts zu erhöhen.

Für den Einsatz geeigneter Medien lassen sich folgende Regeln aufstellen:

- Sicherheitshinweise als Text oder Kombination von Text, Symbolen und Illustrationen immer zusammen mit dem Produkt ausliefern. Entweder direkt auf dem Produkt oder in Papierform zusammen mit dem Produkt.
- Speziell bei Verbraucherprodukten ist die Platzierung auf der Verpackung weit verbreitet. Das funktioniert nur dann, wenn die Verpackung nicht sofort nach dem Kauf entsorgt wird (Nutzerverhalten, Ergebnis der Zielgruppenanalyse?), sondern zusammen mit dem

Produkt weiterverwendet wird. Die DIN EN 82079-1 sagt hierzu in Kapitel 4.7.5: „Da die Verpackung oft nicht dauerhaft ist und beim Auspacken zerstört werden kann, sollten Gebrauchsanleitungen, die zum späteren Nachschlagen aufbewahrt werden müssen, nicht nur auf der Verpackung angebracht werden."

- Platzierung auf dem Produkt funktioniert nur dann, wenn während der Gebrauchsdauer die Information auf dem Produkt nicht verschwindet, z. B. durch Aufrollen der Tube.
- Wird das Produkt ohne PC-Unterstützung genutzt, müssen zusätzlich zu den Sicherheitshinweisen alle Informationen, die für den sicheren Gebrauch und die bestimmungsgemäße Verwendung benötigt werden, im Papierformat zusammen mit dem Produkt ausgeliefert werden.
- Bei geringem Umfang der Informationen ist eine Platzierung auf dem Produkt möglich. Sicherstellen, dass die Informationen während der gesamten Gebrauchsdauer erhalten bleiben! Die DIN EN 82079-1 sagt hierzu in Kapitel 4.7.4: „Gebrauchsanleitungen auf dem Produkt müssen während der erwarteten Lebensdauer des Produkts leserlich sein."
- Wenn feststeht, dass der Nutzer sicher einen PC-Zugang hat, darf ein Teil der Gebrauchsanleitung auch papierlos auf Datenträger mitgeliefert werden. Das gilt für Produkte, die nur mit PC-Unterstützung genutzt werden können. Wenn das Produkt zwingend einen Internetzugang benötigt, kann anstelle des Datenträgers auch über Internet die Gebrauchsanleitung bereitgestellt werden.
- Bei komplexen Produkten, vor allem Investitionsgütern, die mehrere Zielgruppen ansprechen, muss genau geprüft werden, welche Zielgruppe ohne PC-Zugang am Produkt arbeitet und für welche Zielgruppe der PC-Zugang vorausgesetzt werden darf. Den Lebenszyklus des Produkts betrachten und festlegen, welche Informationen im Papierformat oder auf Datenträger geliefert werden! Eine Aufteilung könnte beispielhaft wie folgt aussehen:
  - Gebrauchsanleitung im Papierformat für die Themen Transport, Montage, Installation und Basis-Inbetriebnahme ohne PC.
  - Gebrauchsanleitung in PDF auf Datenträger für die Themen Inbetriebnahme mit PC, Parametrierung, Betrieb und Fehlersuche.
  - Gebrauchsanleitung im Papierformat für die Themen Technische Daten, Wartung, Stillsetzen und Entsorgung.

Wie wird sichergestellt, dass die richtigen Personen die richtigen Informationen erhalten? 4.3.2

Im Bereich der Investitionsgüter werden mit den Gebrauchsanleitungen häufig unterschiedliche Zielgruppen angesprochen. Dies können beispielhaft folgende Personen sein:

- Planungs- und Projektierungsmitarbeiter, oftmals an einem anderen Ort als dem Bestimmungsort für das Produkt tätig.
- Transportmitarbeiter, die das Produkt vom Anbieter zum Bestimmungsort bringen. Das kann beim Kunden sein, oder auch die Baustelle, auf der das Produkt in die Anlage eingebaut wird.
- Mitarbeiter Wareneingang/Lager, wenn das Produkt beim Kunden weiterverarbeitet oder eingelagert wird.
- Monteur, wenn das Produkt auf der Baustelle in eine Anlage montiert wird.
- Installateur zur mechanischen und elektrischen Installation des Produkts in der Anlage.
- Inbetriebnehmer, der das Produkt in der Anlage in Betrieb nimmt.
- Betriebspersonal zur Bedienung der kompletten Anlage.
- Servicemitarbeiter für Service- und Wartungsaufgaben in der Anlage

Die Aufzählung macht deutlich, dass es nicht immer sinnvoll ist, alle Gebrauchsanleitungen zusammen mit dem Produkt auszuliefern. Folgende Vorgehensweise ist denkbar:

- Vor allem bei komplexen Produkten aus dem Investitionsgüterbereich prüfen, ob alle Informationen zusammen mit dem Produkt ausgeliefert werden sollen oder ein Teil der Informationen auf separatem Versandweg dem Kunden zugänglich gemacht wird (oftmals Kundenwunsch). Beispielsweise Informationen zu Versand und Montage zusammen mit dem Produkt ausliefern und Informationen zu Inbetriebnahme und Parametrierung an die Engineering-Abteilung des Kunden schicken.
- Bei der Ausrüstung von Anlagen wird oftmals eine große Anzahl von identischen Produkten geliefert. Prüfen, ob wirklich jedes einzelne Produkt mit allen Informationen ausgeliefert werden soll. Mit dem Kunden vereinbaren, welche Informationen in welcher Stückzahl zusammen mit dem Produkt ausgeliefert werden sollen oder an eine separate Adresse geschickt werden. Darauf achten, dass die Stückzahl der zu liefernden Gebrauchsanleitungen nicht auf null gestellt werden kann. Davon unabhängig die Sicherheitshinweise in Papierform konsequent jedem einzelnen Produkt beilegen.

4.3.3 Wie wird sichergestellt, dass die Anleitung verfügbar bleibt und die Nutzer über für sie wichtige Änderungen in den Anleitungen informiert werden?

Die erforderlichen Anleitungen müssen so dauerhaft hergestellt werden, dass sie während der gesamten Lebensdauer des Produkts verfügbar und auch benutzbar bleiben. Gebrauchsanleitungen im Papierformat sind hierbei nicht problematisch. Datenträger und Datenformate der nicht papiergebundenen Gebrauchsanleitungen sind eher das Problem. Kann bei langlebigen Produkten auch gegen Ende der Lebensdauer noch sichergestellt werden, dass die Datenträger und Datenformate noch lesbar sind?

Bei Verbraucherprodukten oder auch industriellen Massenprodukten sind die Nutzer oft anonym, so dass eine gezielte Information über wichtige Änderungen nicht möglich ist. Hier gibt es folgende Möglichkeiten:

- Aktuelle Gebrauchsanleitungen und Informationen über wichtige Änderungen im Internet bereitstellen.
- Bei sehr kritischen sicherheitsrelevanten Themen über Massenmedien informieren.

Bei Investitionsgütern oder auch Konsumgütern mit Registrierung sind die Nutzer oftmals bekannt und können direkt angesprochen werden. Hier gibt es folgende Möglichkeiten:

- Aktuelle Gebrauchsanleitungen und Informationen über wichtige Änderungen im Internet bereitstellen.
- Änderungsdienst etablieren, um die Nutzer über wichtige Änderungen zu informieren.
- Bei sehr kritischen sicherheitsrelevanten Themen die Vertriebskanäle nutzen, um die betroffenen Gebrauchsanleitungen vor Ort beim Nutzer auszutauschen.

Fazit:

- Sicherheitshinweise immer in Papierform dem Produkt beilegen.
- Nicht alle Gebrauchsanleitungen müssen in Papierform bereitgestellt werden. Bei bestimmten Voraussetzungen sind auch Datenträger oder Bereitstellung über Internet zulässig.
- Wenn möglich, auch Symbole, Piktogramme, Grafiken und Illustrationen nutzen.
- Wenn das Produkt einen PC-Zugang benötigt, auch Videos, Utility-Filme oder Animationen nutzen.
- Webinare, Schulungen oder Einweisungen vor Ort können bei bestimmten Produkten hilfreich sein und die Sicherheit erhöhen.

Qualität sicherstellen und Risiken verringern 4.4

Die Anforderung „Qualität sicherstellen" ist vielschichtig und bezieht sich auf verschiedenste Bereiche. Letztendlich muss erreicht werden, dass die Gebrauchsanleitung in der erforderlichen (bestmöglichen?) Qualität verfügbar ist. Um dies zu erreichen, müssen in einem ganzheitlichen Ansatz die Redaktions- und Übersetzungsprozesse als Bestandteil der übergeordneten Unternehmensprozesse betrachtet werden. Diese Qualitätsorientierung trägt dazu bei, die Risiken des Produkts zu verringern.

Ganzheitlicher Ansatz zur Qualitätssicherung 4.4.1

Die Norm fordert im Kapitel D.3, dass Qualitätsüberprüfung und Qualitätssicherung feste Bestandteile des Redaktionsprozesses sein müssen. Um Qualität zu erreichen, müssen die Technische Dokumentation und das Übersetzungsmanagement strategisch entwickelt und in die übergeordneten Unternehmensprozesse eingebunden werden.

Die Erfolgspyramide (siehe Bild 3) zeigt die verschiedenen Ebenen, die für eine erfolgreiche Entwicklung der Technischen Dokumentation und des Übersetzungsmanagements betrachtet werden müssen. Dies ist die Voraussetzung, um qualitativ hochwertige Anleitungen zu erzielen. Am wichtigsten ist der Stellenwert im Unternehmen. Dieser beeinhaltet auch die Berücksichtigung bei der strategischen Entwicklung des Unternehmens. Erst müssen die Prozesse entwickelt, beschrieben und installiert werden und erst dann wird die Organisationsstruktur festgelegt.

Die verschiedenen Ebenen lassen sich wie folgt beschreiben:

- Stellenwert im Unternehmen
  - Bereitschaft der Geschäftsführung und des Managements, die Verantwortlichen für Technische Dokumentation und Übersetzungsmanagement in die strategische Entwicklung einzubeziehen
  - Investitionsbereitschaft
- Prozesse entwickeln, beschreiben und installieren
  - Als Ergebnis der strategischen Betrachtung die Redaktions- und Übersetzungsprozesse entwickeln und beschreiben
  - In geeigneter Weise, möglichst weit vorne, in die übergeordneten Unternehmensprozesse einfügen, typischerweise Produktentwicklungsprozess, Markteinführungsprozess und Produktlebenszyklus-Management

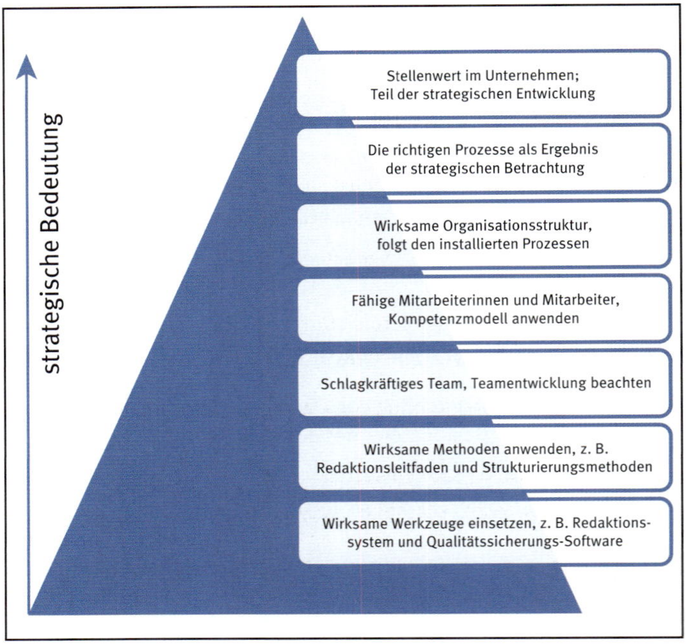

Bild 3: Erfolgspyramide für Technische Dokumentation und Übersetzungsmanagement

- Organisationsstruktur aufbauen
  - Als Ergebnis der Prozessentwicklung die Rollen, Aufgaben und Schnittstellen beschreiben
  - Wirksame Organisationsstruktur festlegen, um die Prozesse bestmöglich zu unterstützen
- Fähige Mitarbeiterinnen und Mitarbeiter
  - Technische Dokumentation und Übersetzungsmanagement sind Aufgaben für Fachleute und erfordern spezielle Fähigkeiten und Kompetenzen
  - Kompetenzmodell entwickeln und anwenden (siehe unten Kapitel 4.5)
  - Die Norm sagt hierzu in Kapitel 4.2: „Die Erstellung der Gebrauchsanleitungen, einschließlich Überprüfung und Korrekturlesen, muss in der Verantwortung von erfahrenen Schreibern oder Spezialisten liegen." Des Weiteren werden in diesem Kapitel kommunikative Kompetenz, Sprachkompetenz, Fachkompetenz und Methodenkompetenz gefordert.

- Schlagkräftiges Team bilden
  - Die bloße Ansammlung kompetenter Mitarbeiterinnen und Mitarbeiter führt nicht automatisch zu einem leistungsfähigen Team
  - Teamentwicklung ist wichtig für gute Leistung und das Erreichen der Qualitätsziele
- Wirksame Methoden anwenden
  - Redaktionsleitfaden entwickeln und anwenden
  - Strukturiert arbeiten und geeignete Informationsmodelle anwenden
  - Prüfen, ob eine Standardisierungsmethode (z. B. Funktionsdesign oder Information Mapping®) geeignet ist oder Standards (universell, z. B. DITA oder DocBook oder branchenspezifisch, z. B. AECMA/ASD S1000D oder ATAiSpec 2000) eingesetzt werden können
- Die richtigen Werkzeuge einsetzen
  - Für professionelles Arbeiten werden professionelle Werkzeuge benötigt
  - Wenn möglich, Redaktionssystem und Translation Management-System einsetzen
  - Das bedeutet Investitionsbereitschaft, siehe Stellenwert im Unternehmen

4.4.2 Qualität der Inhalte

Ein wesentliches Ziel der ganzheitlichen Betrachtung ist es, Inhalte von Gebrauchsanleitungen in hoher Qualität zu erzielen. Da verschiedene Kommunikationsmittel und Medien zum Einsatz kommen, ist damit deutlich mehr gemeint als nur die sprachliche Qualität der Inhalte.

Um diese Qualitätskriterien (s. Tab. 2) zu erfüllen, müssen folgende Vorgaben eingehalten werden:

- Funktionierende Terminologiearbeit, möglichst früh im Redaktionsprozess und nicht erst beim Übersetzen. Die Norm fordert verständliche Terminologie in Kapitel 4.8.2.3.
- Stilregeln entwickeln, anwenden und auch überprüfen.
- Grafikkonzept entwickeln und anwenden.
- Inhalte strukturiert erfassen und verwalten.
- Informationsmodell zur Strukturierung der Inhalte verwenden.
- Konzept für Single-Source-Publishing entwickeln und anwenden. Gleiche Inhalte nur einmal erfassen und mehrfach wiederverwenden.

Tabelle 2: Qualitätskriterien für die verschiedenen Kommunikationsmittel

Kommunikationsmittel	Qualitätskriterien
Text	• Konsistente und verständliche Terminologie • Verständliche Formulierungen und guter Schreibstil • Übersetzungsgerecht
Symbole, Illustrationen	• Ansprechende und leicht verständliche Bildsprache • International verwendbar
Online-Hilfen	• Gut strukturiert • Inhalt und Stil sind konsistent zu den Gebrauchsanleitungen • Idealerweise kontextsensitiv
Video, Utility-Film, Animation	• Gut strukturiert und in leicht verständliche Sequenzen unterteilt • Konsistent in Inhalt und Stil zu den Gebrauchsanleitungen • International verwendbar
Webinar, Schulung (Präsenz, CBT, WBT)	• Funktionierendes, möglichst multimediales, Schulungskonzept • Konsistent in Inhalt und Stil zu den Gebrauchsanleitungen • International verwendbar

- Konzept für Cross-Media-Publishing entwickeln und anwenden. Inhalte möglichst medienneutral erfassen und verwalten und Verwendung in verschiedenen Zielmedien ermöglichen.

Idealerweise werden diese Vorgaben in einem Redaktionsleitfaden beschrieben. Weitere Bestandteile sollten sein:

- Beschreibung der Prozesse und Arbeitsabläufe
- Beschreibung der Organisationsstruktur
- Beschreibung der einzusetzenden Werkzeuge

Somit stellt der Redaktionsleitfaden eine unverzichtbare Arbeitsgrundlage zur Steuerung und Überwachung der Technischen Redaktion und des Übersetzungsmanagements dar.

Ergänzend hierzu zeichnen sich qualitativ hochwertige Inhalte auch durch folgende Eigenschaften aus:

- Konsistenz mit weiteren Produktinformationen. Keine werblichen Aussagen, die den Inhalten in den Gebrauchsanleitungen widersprechen. Die Norm sagt hierzu in Kapitel 4.1.3: „Alle Informationen in einer Gebrauchsanleitung müssen in sich sowie mit dem Produkt und mit den dazugehörigen Produktinformationen, die vom Anbieter erstellt wurden, konsistent sein."
- Diskriminierungsfreie Formulierungen, Illustrationen, Bilder usw., die Norm fordert dies auch ausdrücklich in Kapitel 4.7.1.

- Einhalten der relevanten Normen, im Besonderen auch zur Darstellung der Technischen Daten. Die Norm sagt hierzu in Kapitel 4.8.1.4: „Größen sollten üblicherweise in SI-Einheiten ... oder abgeleiteten SI-Einheiten ... angegeben werden. Allerdings müssen die in Gebrauchsanleitungen angegebenen Größen den auf dem Produkt angegebenen Maßeinheiten entsprechen. Wenn auf dem Produkt Nicht-SI-Einheiten angegeben sind, sollten in der Gebrauchsanleitung zusätzlich die Größen in SI-Einheiten angegeben werden."
- In der Gebrauchsanleitung muss die Adresse des Anbieters enthalten sein. Bei Gebrauchsanleitungen zur Installation und Instandhaltung auch die Adressen für Servicestationen und Kundendienstzentren. Die Norm sagt hierzu in Kapitel 4.8.1.3: „Die Teile der Gebrauchsanleitung, die Installation und Instandhaltung beschreiben, müssen als Mindestangaben die Adressen des Anbieters oder der autorisierten Kundendienstzentren für das Produkt enthalten. Folgende Informationen sollten, so anwendbar, enthalten sein: technische Daten, Hinweise zur Garantie, Fehlersuche, eine Liste der Verbrauchsmaterialien und Informationen zur Entsorgung."

Qualität von Struktur, Layout und Typografie 4.4.3

Die Qualität des Inhalts prägt natürlich wesentlich die Qualität der gesamten Gebrauchsanleitung. Jedoch haben Struktur, Layout und Typografie ebenfalls großen Einfluss auf die Qualität, speziell darauf, wie gut die eingesetzten Kommunikationsmittel ihre Inhalte zum Nutzer transportieren können. Diese Themen werden an anderen Stellen des Kommentars ausführlich behandelt, so dass hier nur die wesentlichen Merkmale genannt werden.

- Der Lebenszyklus des Produkts wird in der Struktur der Gebrauchsanleitungen bestmöglich abgebildet und erleichtert dem Nutzer das schnelle Auffinden der erforderlichen Informationen. Das gilt für die äußere Struktur, also die Aufteilung in die richtigen Informationseinheiten, und die innere Struktur, also die Gliederung der Inhalte innerhalb der Informationseinheiten.
- Das Layout ist benutzerfreundlich und unterstützt mit seinen Elementen die strukturellen Vorgaben, so dass ein lesefreundliches Erscheinungsbild entsteht.
- Die Typografie ist benutzerfreundlich und gewährleistet eine gute Lesbarkeit, auch unter erschwerten Bedingungen.

4.4.4 Risiken verringern

Kernaufgabe der Gebrauchsanleitung ist es, dafür zu sorgen, dass der Nutzer das Produkt bestimmungsgemäß, effizient und sicher benutzen kann. Die Norm sagt hierzu in Kapitel 4.3: „Gebrauchsanleitungen sind integraler Bestandteil des sicheren Betriebs und der Instandhaltung eines Produkts. Sie müssen Informationen bereitstellen, um jedes unzumutbare Risiko für Nutzer oder Andere, Schäden am Produkt selbst oder an anderen Produkten, Fehlfunktionen oder ineffizienten Betrieb zu vermeiden.“ Zudem wird ausdrücklich darauf hingewiesen, dass vernünftigerweise vorhersehbare Fehlanwendungen festzustellen und zu vermeiden sind. Auch hier wird wieder deutlich, wie wichtig die Zielgruppenanalyse ist. Die Gebrauchsanleitung soll jedoch nicht dazu missbraucht werden, vor Risiken zu warnen, die konstruktiv sinnvoll und mit vertretbarem Aufwand beseitigt werden können.

Folgende Vorleistungen bilden die Grundlage dafür, die Risiken zu verringern:

- Risikobeurteilung durchführen. Risiken, die konstruktiv vermieden werden können, sollten auch konstruktiv vermieden werden.
- Restrisiken identifizieren, die konstruktiv nicht mit vertretbarem Aufwand vermieden werden können.
- Restrisiken klassifizieren und Warnhinweise entwickeln.
  - Idealerweise eine Bibliothek von Warnhinweisen aufbauen, um hier höchstmögliche Konsistenz und Sicherheit zu erzielen.
- Vernünftigerweise vorhersehbare Fehlanwendungen mit berücksichtigen.

Ein weiterer wichtiger Aspekt sind spezielle Vorsorgemaßnahmen, die für die sichere Verwendung des Produkts wichtig sind. Die Norm sagt hierzu in Kapitel 4.5: „Die Notwendigkeit von besonderen Schutzmaßnahmen ... soll gesondert hervorgehoben werden.“ Dies sollte beispielsweise in einem Sicherheitskapitel zu Beginn der Gebrauchsanleitung oder in abschnittsbezogenen Warnhinweisen zu Beginn eines Kapitels erfolgen. Solche speziellen Vorsorgemaßnahmen sind vielfältig und die nachfolgende Aufzählung kann nur Beispiele nennen:

- Tragen von spezieller Kleidung
- Tragen eines Schutzhelms
- Tragen von Gehörschutz
- Tragen einer Schutzbrille
- Träger von Herzschrittmachern müssen Abstand halten
- Allergiker sollten das Produkt nicht nutzen

- Besondere Vorsicht bei Kindern, älteren Menschen oder Menschen mit Behinderung

Auch hier spielt die Zielgruppenanalyse wieder eine große Rolle.

Speziell bei Produkten mit kurzer Lebensdauer sind Informationen zur Verschleißgrenze, zum Verfallsdatum oder zur Anzahl der zulässigen Betriebsstunden sicherheitsrelevant.

Fazit:

- Erfolgreiche Qualitätssicherung von Gebrauchsanleitungen erfordert einen ganzheitlichen Ansatz.
- Außer Qualität der Inhalte auch Qualität von Struktur, Layout und Typografie beachten.
- Das Erreichen der Qualitätsziele für die Gebrauchsanleitung trägt dazu bei, die Risiken eines Produkts zu verringern.

4.5 Kompetenz der beteiligten Personen sicherstellen

Fähige Mitarbeiter sind eine wesentliche Voraussetzung dafür, die Qualitätsziele für Gebrauchsanleitungen zu erreichen. Bei all den Bemühungen zur Automatisierung der verschiedenen Arbeitsschritte sind Konzipieren, Erstellen und Übersetzen von Gebrauchsanleitungen immer noch intellektuelle Vorgänge und erfordern fähige und kompetente Mitarbeiterinnen und Mitarbeiter. Technische Dokumentation und Übersetzungsmanagement sind Aufgaben für Spezialisten. Die Norm fordert in Kapitel 4.2 folgende Kompetenzen:

- Kommunikative Kompetenz
- Sprachkompetenz
- Fachkompetenz
- Methodenkompetenz

Bei Anwendung eines Kompetenzmodells werden diese und weitere Fähigkeiten verschiedenen Kompetenzbereichen zugeordnet und beschrieben.

Diese Bereiche beinhalten typischerweise folgende Kompetenzen:

- Selbstkompetenz
  - Persönliche Wirkung
  - Selbstreflexion
  - Kreativität

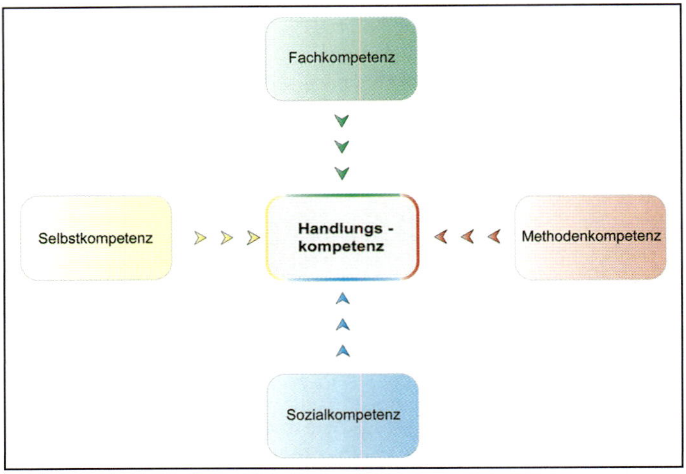

Bild 4: Kompetenzmodell nach Lehmann und Nieke
(Quelle: Lehmann/Nieke: Zum Kompetenzmodell, Rostock 2000)

- Sozialkompetenz
  - Kommunikationsfähigkeit
  - Toleranz
  - Kollegialität
- Methodenkompetenz
  - Prozesssicherheit und Organisationsfähigkeit
  - Analytische Fähigkeiten
  - Innovationsfähigkeit
- Fachkompetenz
  - Fachwissen
  - Sprachliche Fähigkeiten
  - IT-Wissen

Wichtig ist nun festzulegen, welche Kompetenz in welcher Ausprägung (Anfänger, Könner, Experte) benötigt wird und dies bei der Personalauswahl und Personalentwicklung zu nutzen. Hierbei sollte auch wirklich auf Kompetenzen und Fähigkeiten geachtet und nicht nach bloßen Kenntnissen gesucht werden.

Eine wichtige Aufgabe besteht nun darin, aus den fähigen Mitarbeiterinnen und Mitarbeitern ein leistungsfähiges Team zu formen. Der Weg zum Spitzenteam ist anspruchsvoll und beinhaltet folgende Vorgaben:

- Kommunikationsmechanismen erkennen
  - Wahrnehmung und Wirklichkeit, nicht immer deckungsgleich.
  - Informationen aufnehmen und interpretieren, Missverständnisse vermeiden.
  - Die Team-Uhr beachten.
- Aktive Kommunikation
  - Positive Gesprächsbasis herstellen, Eindeutigkeit und Verbindlichkeit erzielen.
  - Das Team zum aktiven Zuhören sensibilisieren und auf eine positive und reizfreie Sprache achten.
  - Konstruktive Kritik und respektvolles „Nein“ zulassen.
- Körpersprache und Emotionen
  - Auf die Körpersprache achten und auf deren Einfluss.
  - Für Toleranz und Offenheit im Team sorgen.
  - Positive Emotionen verstärken und dafür auch spezielle Ereignisse und Veranstaltungen nutzen.
- Erfolgsziele
  - Sinnhaftigkeit und Möglichkeiten der Zielerreichung erläutern.
  - Rahmenbedingungen und Messgrößen für die Zielerreichung nennen.
  - Teammitglieder in die Entscheidungen einbeziehen, Betroffene zu Beteiligten machen.
- Rollen in einem Erfolgsteam
  - Individuelle Stärken erkennen und nutzen.
  - Sinnvolle Rollen im Team klären.

Wenn ein Team neu zusammengestellt wird oder sich stark verändert, durchläuft es immer die sogenannte Team-Uhr nach B. W. Tuckmann (siehe Bild 5). Auch ohne große Veränderungen; ein Blick auf die Team-Uhr ist auch sinnvoll, um festzustellen, wo das Team steht und ob Handlungsbedarf besteht.

Fazit:

- Fähige Mitarbeiterinnen und Mitarbeiter werden benötigt.
- Die erforderlichen Kompetenzen beschreiben.
- Kompetenzmodell entwickeln und anwenden.
- Teamentwicklung ebenfalls berücksichtigen.

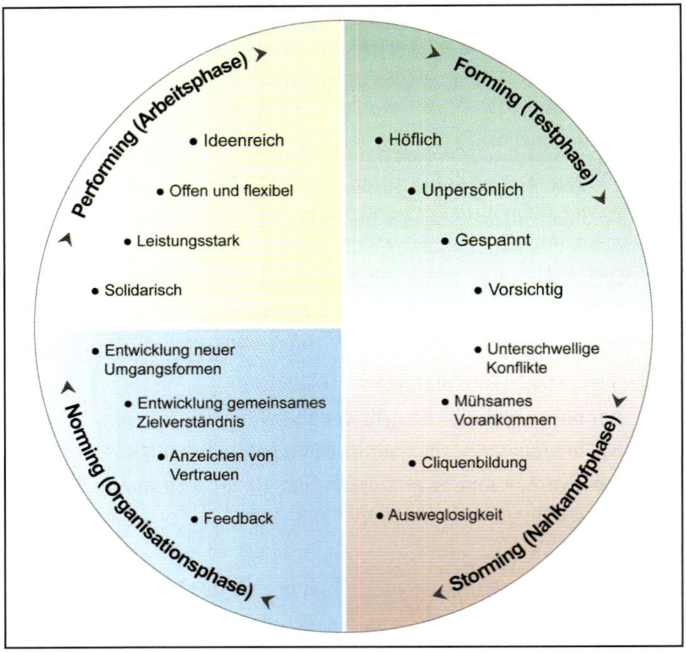

Bild 5: Team-Uhr nach Bruce W. Tuckmann
(Quelle: Bruce W. Tuckman: Developmental sequence in small groups, Psychological Bulletin, 1965)

4.6 Anleitungen in weiteren Sprachen bereitstellen

Sehr häufig wird die Gebrauchsanleitung nicht nur in der Quellsprache, sondern auch in weiteren Sprachen benötigt. Die Norm sagt hierzu in Kapitel 4.8.3: „Gebrauchsanleitungen müssen in der/den Amtssprachen(n) des Verkaufslands geliefert werden, in Übereinstimmung mit den lokalen oder regionalen rechtlichen Anforderungen." Rechtliche Anforderungen, die dies ebenfalls fordern, sind innerhalb der Europäischen Union die Richtlinie 2001/95/EG über die allgemeine Produktsicherheit, Umsetzung in Deutschland ist das Produktsicherheitsgesetz (ProdSG), und die Maschinenrichtlinie 2006/42/EG, Umsetzung in Deutschland ist die Maschinenverordnung (9. ProdSV mit Änderung ProdSVÄndV). Selbst in eigenem Land können zusätzlich zur Quellsprache schon zusätzliche Sprachen für Nicht-Muttersprachler notwendig sein. Dies kann z. B. für Touristen, ethnische Minderheiten, grenzüberschreitende Internet-Käufer, Migranten oder Flüchtlinge der Fall sein.

Dabei ist wichtig, dass die Qualitätsverluste beim Übersetzen von Gebrauchsanleitungen möglichst gering sind und auch in den Zielsprachen der sichere und bestimmungsgemäße Betrieb des Produkts sichergestellt wird. Dies kann folgendermaßen erreicht werden:

- Bereits bei der Konzeption der Gebrauchsanleitung in der Quellsprache international denken und handeln. Bei den Analysearbeiten auch die Zielmärkte berücksichtigen. Bei der Konzeption beachten, dass die meisten Fremdsprachen länger laufen als Deutsch. Das ist bei der Erstellung von Templates wichtig.
- Gebrauchsanleitungen übersetzungsgerecht erstellen.
  - Terminologiearbeit möglichst früh im Prozess; einheitliche und konsistente Terminologie sicherstellen.
  - Stilregeln; gute und leicht verständliche Formulierungen entwickeln. Keine umgangssprachlichen Formulierungen verwenden.
  - Single-Source-Konzept; gleiche Inhalte mehrfach verwenden.
  - Möglichst sprachneutrale Illustrationen und Grafiken verwenden und mit Ortszahlen und Legenden arbeiten.
- Möglichst harmonisierte Normangaben verwenden.
- Auf kulturelle Besonderheiten in den Zielländern achten, wichtig für Bildsprache, Farbgebung und Grafikstil, eventuell auch für Produktbezeichnungen.
- Jede Übersetzung hat Verluste, möglichst aus der Quellsprache direkt in die Zielsprache übersetzen.
- Übersetzungsmanagement aufbauen (ganzheitlicher Ansatz), die Übersetzungsprozesse mit den beteiligten Personen in die Redaktionsprozesse integrieren.
- Möglichst muttersprachliche Fachübersetzer einsetzen.
- Möglichst 6-Augen-Prinzip; sprachliche Korrektur durch einen anderen muttersprachlichen Fachübersetzer und fachliche Korrektur durch einen muttersprachlichen Produktspezialisten.
- Kennzeichnung der Sprachversionen mit eindeutigen Sprachkennzeichnungen, z.B. Sprach-Code nach ISO 639-1.
- Möglichst für jede Sprache eine eigene Gebrauchsanleitung, insbesondere für sehr komplexe Produkte.
- Verteilung der Gebrauchsanleitungen in den Zielsprachen sicherstellen, z.B. auf der Internetseite des Anbieters.

Fazit:

- Zusätzliche Sprachfassungen bereits bei der Konzeption der Quellsprache berücksichtigen.
- Von Anfang an die Anforderungen der Zielmärkte berücksichtigen.
- Möglichst 6-Augen-Prinzip anwenden.

Inhalt von Gebrauchsanleitungen 5

[Martin Tillmann]

Im Kapitel 5 der DIN EN 82079-1 wird beschrieben, welche Inhalte eine Gebrauchsanleitung aufweisen soll. Ziel ist es, den sicheren und bestimmungsgemäßen Gebrauch des Produkts zielgruppengerecht zu ermöglichen.

Zur besseren Orientierung innerhalb der Norm beziehen sich die Überschriften erster und zweiter Ordnung dieses Abschnitts auf die Abschnitte der Norm.

Kommentare zu sicherheitsbezogenen Informationen werden mit weiteren Kommentaren zur Instruktionssicherheit im Kapitel 7 „Instruktionssicherheit“ dieses Kommentars behandelt. Auch der Abschnitt 5.5 „Sicherheitshinweise“ der Norm wird dort zusammengefasst.

Zum Schluss dieses Kapitels wird darauf eingegangen, mit welchen Methoden die redaktionelle Fachkraft zu den erforderlichen Inhalten kommt. Dies ist nicht in der Norm geregelt, soll hier aber als Hilfestellung dargestellt werden. Grundsätzliche Methoden sind im Kapitel 8 des Kommentars („Redaktionsprozess“) beschrieben.

Allgemeines 5.1

Die erste und wichtigste Forderung im Kapitel 5 der DIN EN 82079-1 ist, dass die Funktionalität des Produkts beschrieben sein soll. Die Fragen des Nutzers nach dem WO? WER? WAS? WANN? WIE? und WARUM? sollen vorweggenommen werden (Originalreihenfolge der DIN EN 82079-1). Die 5 „W-Fragen“ sind im Vergleich zur Vorgängernorm DIN EN 62079 neu aufgenommen. Mithilfe der „W-Fragen“ sollen Kerninformationen über das Produkt und dessen Funktionalität möglichst präzise beantwortet werden. Diese Kerninformationen sollen dem Leser als Orientierungshilfe dienen, einen schnellen Texteinstieg und somit eine schnelle Übersicht über das Produkt ermöglichen. Die Nutzung unnötiger Hintergrundinformationen und allgemeine Aussagen, die den Leser langweilen und vom Weiterlesen abhalten, sollen hierdurch vermieden werden.

Bei Erstellung der Gebrauchsanleitung durch redaktionelle Fachkräfte werden die „W-Fragen“ idealerweise schon in der Produkt-, Tätigkeits- und Zielgruppenanalyse beantwortet. Die Analysen werden bereits vor der eigentlichen Dokumentationserstellung, als Teil der Recherche, durchgeführt. Deren Ergebnisse können mit einer „Wer-macht-was-Matrix“ übersichtlich dargestellt werden.

Tätigkeiten/ Lebenszyklus	**Personengruppen**			
	Trans-porteur[1]	**Monteur**[2]	**Bediener**[2]	**Wartungs-monteur**[2]
Transportieren	X			
Be-/und Entladen	X			
Aufstellen		X		
Anschließen		X		
Inbetriebnahme		X	X	
Betrieb			X	
Außerbetriebnahme			X	
Abbauen		X		
Störungsbeseitigung			X[3]	X
Reparieren			X[3]	X
Warten			X[3]	X
Instandhalten			X[3]	X
Inspektion			X[3]	X
Demontage		X		
Entsorgung	X	X	X	X

1 Qualifiziertes Fachunternehmen
2 Geschultes Personal
3 Sicherheitsunkritische Tätigkeiten (s. Risikobeurteilung)

Bild 6: Beispiel für eine „Wer-macht-was-Matrix“

wo? (siehe Beispiel unten, Bild 7 Pos. ①):

Die Frage nach dem „wo?“ ist zur Lokalisierung der durchzuführenden Handlung zu beantworten. Dafür bietet es sich an, in die Nähe der Beschreibung eine Grafik zu platzieren, aus der der Ort des Handelns eindeutig hervorgeht.

Die Frage nach dem „wo?“ kann sich aber ebenso auf den Einsatzbereich des Produktes beziehen. Wo (Innen- oder Außenbereich), in welcher Umgebung (z. B. Werkshalle) und in welchem Bereich (Grenzen des Produkts aus der Risikobeurteilung) wird das Produkt genutzt?

wer? ②:

Die Zielgruppe, die die Handlung durchführt, muss festgelegt sein. Dies kann abschnittsweise innerhalb einer Gebrauchsanleitung oder auch durch Anfertigung unterschiedlicher Gebrauchsanleitungen bewerkstelligt werden. Zur Zielgruppe wird in der DIN EN 82079-1 in erster Linie im Abschnitt 4.4 Bezug genommen.

Nähere Informationen: siehe Abschnitt 4.4 der DIN EN 82079-1.

was? ③:

Handlungsorientiert: Die Frage danach, was zu tun ist, ist zu beantworten.

Produktorientiert: Die Frage nach Name, Produkttyp und ggf. Produktart siehe Abschnitt 5.2 der DIN EN 82079-1, bzw. Abschnitt 5.2 Identifikation von Gebrauchsanleitungen dieses Kommentars

wann? ④:

Es ist festzulegen, wann oder in welchen Intervallen die Handlung durchzuführen ist.

wie? ⑤:

Die Frage nach dem „wie?“ bezieht sich auf die Bedingungen, die für eine erfolgreiche Benutzung erfüllt sein müssen. Wie wird das Produkt genutzt, wie funktioniert es? Die Vorgehensweise sollte dabei zielgruppengerecht beschrieben werden, in chronologischen Handlungsschritten, gegebenenfalls mit Wenn-dann-Bedingungen.

In diesem Zuge ist es auch sinnvoll, die Frage nach dem „womit?“ zu beantworten, z.B. welches Werkzeug, welche Verbrauchsmaterialien werden benötigt?

warum? ⑥

Der Grund für die Handlung bzw. das Ziel der Handlung ist zu beschreiben.

Berücksichtigung der W-Fragen am Beispiel einer Handlungsanleitung:

Handlung 6.1: Kontrolle der Fettfüllung der Hochdruckschmierbüchse③.

Für einen störungsfreien Betrieb und eine lange Lebensdauer ⑥ muss der Innenraum im Stehlager ① ständig mit Fett gefüllt sein. Die Hochdruckschmierbüchse gewährleistet eine permanente Fettzufuhr.

Wer: geschultes Bedienpersonal ②

Wann: monatlich ④

Wie: Durch das Schauglas die Fettfüllung der Schmierbüchse kontrollieren. ⑤
Ist die Füllung an der unteren Markierung (leer), Hochdruckschmierbüchse auffüllen, wie in Handlung 6.8 beschrieben.

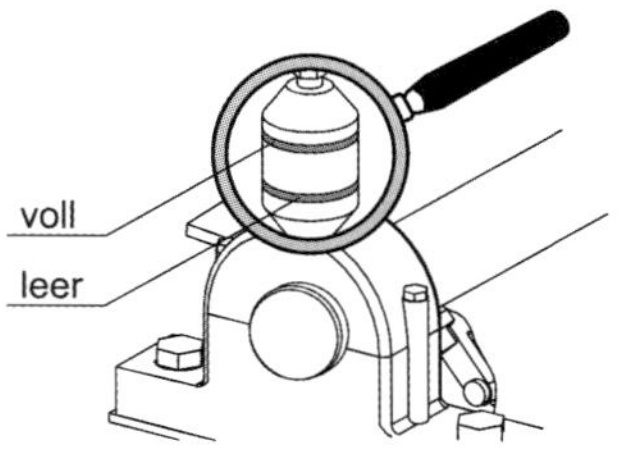

Abbildung: Hochdruckschmierbüchse

Bild 7: Beispiel für eine Handlungsanleitung (Auszug aus einer Betriebsanleitung der EME Maschinenfabrik Clasen GmbH, Erkelenz)

Die DIN EN 82079-1 fordert nicht, dass bei jeder Handlung explizit alle Fragen beantwortet werden. Die Beantwortung einzelner Fragen kann genauso gut auch aus dem Kontext hervorgehen.

So können die Fragen nach dem „was?“ und „warum?“ z. B. gut im Zusammenhang mit dem „bestimmungsgemäßen Gebrauch“ beantwortet werden.

5.2 Identifikation von Gebrauchsanleitungen

Die DIN EN 82079-1 fordert, die Zuordnung zum Produkt zu erleichtern und die Aktualität der Gebrauchsanleitungen zu kennzeichnen. Dazu sollen Gebrauchsanleitungen mit Identifikationsnummern, Ausgabe- und Revisionsdaten versehen werden. Idealerweise sind diese Angaben nicht nur auf dem Deck- oder Titelblatt der Gebrauchsanleitung zu finden, sondern auf jeder Seite (z. B. in Kopf- oder Fußzeile). Dies gilt auch für den Hersteller des Produkts. Falls der Hersteller nicht der Ersteller der Gebrauchsanleitung ist, sollen die Angaben des Erstellers (z. B. Dienstleister) separat angegeben werden, z. B. im Impressum.

Diese Forderung wurde aus Abschnitt 5.3 der Vorgängernorm DIN EN 62079 wörtlich übernommen. Die Gebrauchsanleitung soll für den Benutzer und den Hersteller eindeutig identifizierbar sein. Die Norm fordert hier eine Identifikationsnummer, ein Ausgabedatum und einen Revisionsindex. Ob das unbedingt zielführend ist, ist fraglich. Der Benutzer muss lediglich in die Lage versetzt werden zu beurteilen, ob die ihm vorliegende Gebrauchsanleitung zu seinem Produkt passt und darüber hinaus den Hersteller des Produktes (bzw. Ersteller der Gebrauchsanleitung) identifiziert, um gezielt zu dem Produkt oder der Gebrauchsanleitung Fragen stellen zu können. Dazu muss er nicht wissen, wann die Gebrauchsanleitung gedruckt wurde oder was sich gegenüber früheren Revisionen in dieser Gebrauchsanleitung geändert hat. Diese Informationen sollten jedoch beim Ersteller der Gebrauchsanleitung vorhanden sein.

5.3 Identifikation des Produkts

Die Forderung zur Identifikation des Produkts ist immer im Zusammenhang mit der Forderung zur Identifikation der Gebrauchsanleitung zu sehen und wurde aus der Vorgängernorm DIN EN 62079 übernommen – Angaben zu allgemeinen Warnhinweisen wurden an dieser Stelle jedoch weggelassen und sind jetzt im Abschnitt 5.5 der Norm zu finden.

Neben produktspezifischen Angaben zur Identifizierung wie Produktkennzeichnungsnummer, Seriennummer, Modell und/oder Typ, Name und Informationen des Herstellers sind technische Daten des Produktes gefordert. Diese können übersichtlich in einem Abschnitt „Technische Daten“ z. B. tabellarisch dargestellt werden.

Neu in der DIN EN 82079-1 ist der Verweis auf die IEC/PAS 62569, die Grundsätze und Methoden für die Spezifikation von Produkten mittels Merkmalen, z. B. in Datenblättern, liefert.

Alle Forderungen dieses Abschnitts sind das Ergebnis der Produktanalyse und Normenrecherche, die als Teil des redaktionellen Prozesses im Vorfeld der Gebrauchsanleitungserstellung stattfinden müssen. In der Normenrecherche müssen auf das Produkt zutreffende Normen recherchiert werden, die u. a. besondere Kennzeichnungen oder Label auf dem Produkt und/oder in der dazugehörigen Gebrauchsanleitung vorschreiben.

Die Forderung enthält auch die Beschreibung des beabsichtigten Nutzers bzw. der Zielgruppe. Das wird aber im Abschnitt 4.4 der DIN EN 82079-1 konkretisiert.

Modifikation von Produkten 5.4

Während in der Vorgängernorm DIN EN 62079 gefordert ist, dass erlaubte Modifikationen hinreichend detailliert und klar beschrieben werden sollen, fordert die DIN EN 82079-1 auch, dass in der Gebrauchsanleitung darzulegen ist, wenn ein Hersteller nicht gestattet, dass sein Produkt modifiziert wird. Dieser Punkt wird kontrovers diskutiert. Nach Meinung des Autors sollten aus Gründen der Verständlichkeit Handlungen, die nicht durchgeführt werden sollen, auch nicht beschrieben werden.

Modifikationen werden in der bestimmungsgemäßen Verwendung bzw. unter dem Punkt „naheliegender Fehlgebrauch“ beschrieben.

Nähere Informationen: siehe Abschnitt 5.5 der DIN EN 82079-1

Zusätzlich müssen Konsequenzen, die sich aus unerlaubter Modifikation ergeben, beschrieben werden. Eine Konsequenz, die die DIN EN 82079-1 aufzeigt, ist die Aufhebung der Produktgarantie. Im englischen Original wird vor der Aufhebung der „warranty“ (Gewährleistung) gewarnt. Hier liegt ein kleiner Übersetzungsfehler vor.

Zusatzinformation Gewährleistung und Garantie:

Der übliche Sprachgebrauch vermischt fälschlicherweise beide Begriffe.

- Im juristischen Sinn definiert eine Garantie (§ 434 BGB) die freiwillig vereinbarte Verpflichtung eines Garanten, während die Gewährleistung direkt aus dem Gesetz abzuleiten ist.

- Im Handel ist die Garantie eine zusätzlich zur gesetzlichen Gewährleistung (§ 438 BGB) gemachte freiwillige und frei gestaltbare Dienstleistung eines Händlers oder Herstellers gegenüber dem Kunden. Häufig wurden Garantie und Gewährleistung verwechselt.

Ein wichtiger Unterschied zwischen Garantie und Gewährleistung besteht darin, dass die Garantie eine unbedingte Schadensersatzleistung zusichert und Gewährleistung eine zeitlich befristete Nachbesserungsverpflichtung ausschließlich für Mängel, die zum Zeitpunkt des Verkaufs bereits bestanden, definiert.

Garantiebedingungen sollten immer (zusätzlich) in einem separaten Abschnitt in der Gebrauchsanleitung beschrieben werden. Solche rechtlichen Texte sind jedoch besser rechtsbindend in den Kaufvertrag zu integrieren.

Nähere Informationen: siehe Abschnitt 4.1.4 der DIN EN 82079-1

Eine Modifizierung des Produktes bedeutet immer auch eine Modifizierung der Gebrauchsanleitung.

5.5 Konsistente Terminologie

Eine Forderung der DIN EN 82079-1 ist eine konsistente Terminologie und wird in der Norm strukturell dem Abschnitt 6 „Darstellung von Gebrauchsanleitungen" zugeordnet (siehe Abschnitt 6.1.4). Für die Verständlichkeit von Gebrauchsanleitungen ist es wichtig, die Inhalte terminologisch korrekt wiederzugeben. Angenehmer Nebeneffekt zur Verständlichkeit: Übersetzungsprozesse werden qualitativ aufgewertet und preislich günstiger.

Ohne korrekte Verwendung von Fachwörtern ist eine effiziente fachsprachliche Kommunikation nicht möglich. Terminologiearbeit beschäftigt sich mit der Erarbeitung, Bearbeitung, Speicherung und Nutzung von Fachwörtern; dabei können Terminologieverwaltungssysteme unterstützen.

Die erste Pflicht zur Verwendung einer konsistenten Terminologie ist jedoch nicht die Suche nach einem geeigneten Tool, sondern besteht in der Erarbeitung einer unternehmensweit einheitlichen Terminologie. Dies ist ein (auch zeitlich) nicht zu unterschätzender Prozess, in den alle Abteilungen (Vertrieb, Marketing, Konstruktion und Dokumentation) einbezogen werden müssen. Terminologien können in einem Wörterbuch, einem Glossar oder einem Thesaurus formuliert sein. Die Terminologie muss von allen Mitarbeitern des Unternehmens „gelebt" werden. Auch wenn das anfangs sicher auf Widerstände stößt. Erst wenn dieser Prozess sicher implementiert ist, ist die Einführung eines Terminologieverwaltungssystems sinnvoll.

Als Terminologie wird die Gesamtheit aller Begriffe und Benennungen (Fachwörter bzw. Termini) einer Fachsprache/eines Fachgebiets bezeichnet, dementsprechend kann ein Fachwortschatz mit Terminologie gleichgesetzt werden. Viele Terminologien bilden ein kontrolliertes Vokabular.

Die DIN 2342 trifft nähere Festlegungen zur Terminologie. Mit der Darstellung von Einträgen in Fachwörterbüchern und Terminologiedatenbanken beschäftigt sich die DIN 2336. Darin werden unter anderem Hinweise zur Gestaltung und Anordnung der Einträge in Wörterbüchern gegeben mit dem Ziel, die Verwendung von typografischen Zeichen und Konventionen einheitlich zu gestalten.

Normative Verweise:

- DIN 2330 Begriffe und Benennungen – Allgemeine Grundsätze
- DIN 2331 Begriffssysteme und ihre Darstellung
- DIN 2342 Teil 1 Begriffe der Terminologielehre – Grundbegriffe

Übereinstimmung mit dem Produkt 5.6

Diese Abschnittsüberschrift wurde leider aus dem Englischen (Product compliance) unzureichend übersetzt. Gemeint ist hier die Dokumentation der rechtlichen Anforderungen an das Produkt.

Eine neue Forderung der DIN EN 82079-1 ist, dass die Gebrauchsanleitung Informationen über rechtliche Anforderungen enthalten muss. Es wird konkret gefordert, dass die Gebrauchsanleitung Informationen über rechtliche Rahmenbedingungen und andere Anforderungen bzgl. des Produkts enthalten soll. Diese Rahmenbedingungen können auf Grundlage einer Normen- und Produktrecherche, die bei einem professionellen Erstellungsprozess durchgeführt werden, festgelegt werden. Diese Informationen können dann z. B. in einem Abschnitt zum „bestimmungsgemäßen Gebrauch" und „Einsatzbereich des Produkts" integriert werden.

Hierbei ist beispielsweise zu beschreiben, ob und unter welchen Bedingungen ein Produkt z. B. in einem Wasserschutzgebiet oder in der Nähe von Funkmasten, in einer ATEX[1]-Zone oder in einem Krankenhaus betrieben werden darf, wenn der Einsatz des Produktes dort bestimmungsgemäß oder naheliegend ist. Diese Forderung ist eine wichtige Ergänzung zum bestimmungsgemäßen Gebrauch.

[1] ATEX: explosionsgefährdeter Bereich, s. EG-Richtlinie 94/9/EG

5.7 Aufbewahrung von Gebrauchsanleitungen

Die DIN EN 82079-1 fordert, dass in der Gebrauchsanleitung darauf hingewiesen werden soll, dass sie vor Gebrauch sorgfältig zu lesen und für späteres Nachschlagen aufzubewahren ist. Es darf nach Einschätzung des Autors jedoch bezweifelt werden, dass sich ein solcher Satz auf dem Deckblatt einer Gebrauchsanleitung aufmerksamkeitssteuernd auswirkt. Da ist die Forderung der DIN EN 82079-1 an den Anbieter des Produktes, dass er Exemplare der Gebrauchsanleitung während der voraussichtlichen Lebensdauer des Produkts verfügbar machen soll, wirksamer. Hierbei ist zu berücksichtigen, dass die Lebensdauer von Produkten 30 Jahre und länger sein kann. Die Aufbewahrungspflicht Technischer Dokumentation beträgt laut Produkthaftung 30 Jahre. Es sind also Maßnahmen zu treffen, um die Lesbarkeit der Daten langfristig sicherzustellen. So ist z. B. nicht sichergestellt, dass in 30 Jahren noch Lesegeräte für CDs verfügbar sind.

5.8 Produkte für den Gebrauch vorbereiten

Der gesamte Abschnitt 5.8 der DIN EN 82079-1 entspricht mit kleinen Abweichungen dem Abschnitt 5.9 der Vorgängernorm DIN EN 62079. Die „alte" Forderung, dass erlaubte Umgebungsbedingungen in der Gebrauchsanleitung enthalten sein sollen, ist in der DIN EN 82079-1 nicht mehr enthalten. Dessen ungeachtet sind solche Bedingungen anzugeben, wenn daraus Restriktionen für das Produkt entstehen können. Zu den Forderungen an die Gebrauchsanleitung bezüglich der Inbetriebnahme gibt es in der DIN EN 82079-1 nur den allgemeinen Hinweis, dass alle Informationen zu liefern sind, die für die Inbetriebnahme des Produkts notwendig sind.

Generell sind die Abschnitte 5.8, 5.9, 5.10, 5.13 und 5.14 der DIN EN 82079-1 gebrauchsorientiert aufgebaut, d. h., sie enthalten Angaben des Produktes

- vor dem Gebrauch (5.8),
- während des Gebrauchs (5.9, 5.10)
- und nach dem Gebrauch (5.13, 5.14).

Somit orientieren sich diese Abschnitt an der üblichen Lebensdauer eines Produktes. Um dem Anwendungsbereich der DIN EN 82079-1 gerecht zu werden, dass sich die Gebrauchsanleitung eindeutig auf das gelieferte Produkt beziehen soll („Produkte aller Art, von einer Dose Farbe bis zu großen oder sehr komplexen Produkten, wie z. B. großen Industriemaschinen, schlüsselfertigen Anlagen oder Gebäuden"), muss vor der Erstellung der zutreffende Lebenszyklus des jeweiligen Produkts recherchiert werden (z. B. Lebenszyklus des Produkts – DIN ISO 15226, VDI 4500 Blatt 1, Lebensphasen Maschine: MRL, DIN EN ISO 12100, Lebenszyklus Gebäude – GEFMA 100, DIN EN 15221-1 usw.).

Transport und Lagerung 5.8.1

Die DIN EN 82079-1 fasst die Anforderungen zu Transport- und Lagerhinweisen zusammen. Hier im Kommentar werden die Anforderungen getrennt voneinander betrachtet.

Transport

Wichtig für den Transport des Produkts sind in erster Linie:

- Hinweise dazu, ob das Produkt vor dem Transport verpackt werden muss oder ob Transportsicherungen am Produkt anzubringen sind
- Abmessungen
- Gewicht
- Position des Schwerpunkts (Position der Ansatzpunkte für Hebevorrichtungen)
- Hinweise zur Befestigung des Produkts auf dem Transportmittel

Lagerung

Zur Lagerung des Produkts sind folgende Informationen wichtig:

- Hinweise zum Lieferumfang (bei mehreren Teilen)
- Umgebungsbedingungen (darf das Produkt Sonneneinstrahlung, Regen oder sonstigen Einflüssen ausgesetzt sein)
- Hinweise zur Wartung während der Lagerung, z. B. Schmierung oder Umlagerung des Produktes
- Hinweise zum Auspacken und zum Wiederverpacken

Auch bei der Lagerung können die Informationen zu Abmessungen, Gewicht, Schwerpunkten etc. wichtig sein. Hier bietet es sich an, auf die Informationen zum Transport zu verweisen (je nachdem, wie umfangreich die einzelnen Abschnitte der Gebrauchsanleitung sind).

Installation und Montage 5.8.2

Die DIN EN 82079-1 hat als Überschrift (siehe Abschnitt 5.8.2) nur die Installation. Hier im Kommentar wird die (zur Installation gehörende) Montage nur zur besseren Auffindbarkeit in der Überschrift miterwähnt.

Die Forderungen der DIN EN 82079-1 zu Informationen bezüglich der Installation sind eher allgemeiner Natur. Es ist zu beschreiben, wie die

Verpackungen entfernt und entsorgt werden sollen. Auch sind laut Norm Informationen über den Inhalt der Verpackung, die Bedingungen für den Zusammenbau und die Vorgehensweise beim Anschluss an die Versorgung beizufügen.

Viele der Forderungen zu der Information bezüglich der Installation decken sich mit den Forderungen zum Transport und der Lagerung.

Bei der Installation ist aber auch insbesondere zu berücksichtigen, dass die Versorgungsanschlüsse (z. B. für elektrische Energie, Brennstoff, Wasser, Druckluft, Hydraulik- und Schmieröl) und die Entsorgungsanschlüsse (z. B. für Abwasser, Altöl) zu beschreiben sind.

5.8.3 Inbetriebnahme

Die Angaben zur Inbetriebnahme sind in der DIN EN 82079-1 wenig konkret („alle Informationen, die für die Inbetriebnahme des Produkts notwendig sind").

Die Vorgängernorm DIN EN 62079 führte (u. a.) noch folgende Beispiele auf:

- Prüfanleitungen
- Prüfungen, die vor dem Anschluss oder vor dem ersten Betrieb durchzuführen sind; solche Prüfungen können z. B. sein:
  - Energie- und Medienversorgung (Luft, Wasser) gewährleistet
  - Entsorgungskanäle (Abwasser etc.) angeschlossen und in Funktion
  - alle Schutzeinrichtungen angebracht und in Funktion
  - alle Ventile und sonstigen Armaturen in der richtigen Stellung
  - Rohmaterial eingefüllt
  - Entnahmeeinrichtungen für Fertigmaterial in Funktion
- Detailbeschreibung für Abnahme-, Inspektion- und Betriebstests

Je nachdem, wie kompliziert ein Produkt ist, kann es auch sinnvoll sein, die Inbetriebnahme für unterschiedliche Phasen zu unterscheiden:

- Erstmalige Inbetriebnahme
- Inbetriebnahme nach einer geplanten Wartung
- Inbetriebnahme nach einer Störung
- Inbetriebnahme nach längerem Stillstand

Selbst diese Phasen können je nach Komplexität des Produktes feiner granuliert werden. Die ordnungsgemäße Inbetriebnahme zu jeder Lebensphase ist Voraussetzung für einen sicheren Betrieb. Daher ist diesem Kapitel (mindestens) so viel Aufmerksamkeit zu widmen wie dem Betrieb selber.

Betrieb der Produkte 5.9

Konsequenterweise hätte der Abschnitt „Gebrauch der Produkte“ (bzw. „Use of products“) heißen müssen, aber auch im englischen Original ist die Überschrift „Operation of products“.

Das soll aber nicht stören. Gemeint ist der „Gebrauch der Produkte“, denn die Dokumente, die das beschreiben, heißen nach Norm ja auch „Gebrauchsanleitung“. Damit ist die Norm übrigens auch terminologisch konsistent zum Produktsicherheitsgesetz (ProdSG), in dem es sinngemäß heißt: Bei der Beurteilung, ob ein Produkt bei bestimmungsgemäßer oder vorhersehbarer Verwendung die Sicherheit von Personen gefährdet, sind „die Aufmachung des Produkts, seine Kennzeichnung, die Gebrauchs- und Bedienungsanleitung ...“ (ProdSG § 3, Abs. 2, Punkt 3) zu berücksichtigen.

Allgemeines 5.9.1

Die Forderung der Vorgängernorm DIN EN 62079 nach Informationen zum normalen und sicheren Betrieb ist jetzt dadurch erweitert, dass auch Informationen zum „anormalen Betrieb“ zur Verfügung zu stellen sind. „Anormaler Betrieb“ ist in der DIN EN 82079-1 nicht spezifiziert. Gemeint sind hier Betriebsarten wie beispielsweise:

- Einrichtbetrieb,
- Störungsbehebung und
- Wartung.

Normaler Betrieb 5.9.2

Die DIN EN 82079-1 fordert (u. a.) Informationen zu

- der Betriebsumgebung
- allen Betriebstechniken (manuellen und automatischen)
- Möglichkeiten zum (sicheren) Starten/Stoppen
- vorbereitenden Arbeitsabläufen
- visuellen Darstellungen (der Steuerung)
  Die DIN EN 82079-1 fordert im Abschnitt 5.9.3, dass alle Signale oder Anzeigen zum Darstellen bevorstehender Risiken leicht verständlich und eindeutig sein müssen. Außer der Forderung, dass „umfassende“ Informationen über den normalen Betrieb bereitgestellt werden, sind noch folgende Hinweise gefordert:

  - Information über die automatische Umschaltung in einen sicheren Betriebszustand, bevor eine gefährliche Situation erreicht wurde
  - Information über den gegenwärtigen Betriebszustand (klare Unterscheidung: Automatik/Hand)
  - Informationen, was im Fehlerfall und wenn die Störung ausgefallen ist, zu tun ist
- Identifizierung und Korrektur von Fehlfunktionen (Störungsbehebung)

Darüber hinaus können folgende Informationen sinnvoll sein:

- detaillierte Beschreibung des Produkts, seiner Zubehörteile, seiner trennenden Schutzeinrichtungen und/oder Schutzeinrichtungen;
- umfassender Anwendungsbereich, für den das Produkt vorgesehen ist ...
- Warnungen vor vernünftigerweise vorhersehbarem Fehlgebrauch;
- Information über Restrisiken, die nicht durch die vom Lieferanten vorgenommene Risikoreduktion eliminiert werden konnten;
- Information über besondere Risiken, die durch bestimmte Anwendung oder durch Verwendung bestimmter Zubehörteile erwachsen können, und über die für solche Anwendungen notwendigen zusätzlichen Schutzmaßnahmen;
- Gebrauchsanleitungen für Voreinstellung und Einstellung;
- Gebrauchsanleitungen für Neustart nach einem Eingriff;
- Identifizierung und Behandlung von Fehlfunktionen.

5.9.3 Außergewöhnliche Situationen/Notsituationen

Für Notsituationen müssen (mindestens) folgende Informationen bereitgestellt werden:

- Abfolge von Handlungen, die in der Notsituation vorgenommen werden müssen, z. B.:
  - Räumung des Gefahrenbereichs
  - Stellung von Ventilen und anderen Armaturen
  - Belüftung
  - Umstellung Automatik-/Handbetrieb
- Fehlererkennung und -lokalisierung, z. B. tabellarisch darzustellen: Fehler, Fehlerursache(n), Fehlerbehebung(en)
- Neustart nach dem Eingriff, z. B. eine Checkliste, wie in Abschnitt Inbetriebnahme dieses Kommentars

- Einsatz von Brandbekämpfungsgeräten
- Warnung vor voraussichtlich austretenden Stoffen einschließlich Vorsichtsmaßnahmen, um den Schaden zu vermeiden
- Erste-Hilfe-Maßnahmen für vorhersehbare akute Erkrankungen

Fehlersuche und Reparatur 5.9.4

Diese Forderung wird für zwei unterschiedliche Zielgruppen untergliedert in

- nicht geschultes Personal (siehe Abschnitt 5.9.6 der Norm) und
- Fachkräfte (siehe Abschnitt 5.9.7 der Norm).

Die Informationen, die nicht geschulte Personen bekommen sollen, müssen so aufbereitet sein, dass sie die Fehlersuche/Reparatur durchführen können, ohne sich, andere Menschen oder das Produkt zu gefährden. Darüber hinaus sind Informationen zur Verfügung zu stellen, an wen sich die nicht geschulten Personen wenden können, wenn sie Fehler nicht selber (sicher) beheben können. Jegliche Handlungen, die darüber hinaus Fachwissen (und eine gezielte Ausbildung) voraussetzen, sollen Fachkräften vorbehalten sein.

Für Fachkräfte wird gefordert, dass (u. a.) folgende Informationen bereitgestellt werden:

- Eine Liste zur Fehleridentifizierung und -lokalisierung
- eine Liste der Anzeigen zum Normalbetrieb
  Anm.: Eine Liste der Anzeigen im anormalen Betrieb (z. B. Störung) ist sicher auch sinnvoll
- eine Beschreibung von eingebauten Diagnosesystemen als Hilfe zur Fehlererkennung
- Zeichnungen und Diagramme, damit die Fehlersuche effektiv ausgeführt werden kann
- Hinweise zum Erkennen von Gerätefunktionen
- Reparaturen
- eindeutiges Festlegen der Aufgaben zur Fehlersuche und Reparatur, Kontaktdaten zum Anbieter und zu allen, deren fachliche Hilfe in Anspruch genommen werden kann.

Diese Informationen sind sicher auch für nicht geschultes Personal hilfreich, wenn sie ausbildungsgerecht aufbereitet werden.

5.10 Instandhaltung des Produkts

5.10.1 Allgemeines

Informationen für geschultes und nicht geschultes Personal müssen separat geliefert werden. So wird vermieden, dass nicht geschultes Personal Tätigkeiten ausführt, die sie oder andere gefährden können.

Die Definition und Beschreibung der Zielgruppen sollten in der Zielgruppenanalyse erarbeitet werden. Angaben vom Hersteller und Vorgaben aus lokalen Gesetzen konkretisieren diese Beschreibungen.
Anm. d. Autors: Es ist auch jeweils die lokale Gesetzgebung und der lokale Arbeitsschutz zu beachten, da für bestimmte Instandhaltungsarbeiten ein bestimmter beruflicher Ausbildungsgrad vorgeschrieben ist. So ist z. B. die Forderung in einer Gebrauchsanleitung, Elektroarbeiten nur durch qualifiziertes Elektrofachpersonal durchführen zu lassen, nicht in allen Ländern verständlich. Einige Ausbildungsgrade sind nur im deutschen dualen Ausbildungssystem vorgesehen, so dass für internationale Gebrauchsanleitungen die Qualifikation wesentlich dezidierter angegeben werden muss.

5.10.2 Instandhaltung des Produkts

Diese Forderung wird ebenfalls (wie bei Fehlersuche und Reparatur) für zwei unterschiedliche Zielgruppen untergliedert in

- nicht geschultes Personal (siehe Abschnitt 5.10.2 der Norm) und
- Fachkräfte (siehe Abschnitt 5.10.3 der Norm).

Nicht geschultem Personal sollen Informationen zu Instandhaltungsmaßnahmen gegeben werden, die es ohne Schaden für sich selbst, andere Menschen oder das Produkt durchführen kann. Im Grunde wiederholt die DIN EN 82079-1 hier die Forderungen aus Abschnitt 5.9.6 an die Fehlersuche und Reparatur durch nicht geschulte Personen. Gemeint mit „nicht geschultem Personal" ist hier (jeweils) das nicht in der Instandhaltung (bzw. Fehlersuche und Reparatur) geschulte Personal. Der Personenkreis muss sicher in Bezug auf Produktfunktionalität und Gefahrenbewusstsein geschult sein.

Neben den Forderungen der DIN EN 82079-1 nach Information zu

- Unterscheidung von Instandhaltungsmaßnahmen unterschiedlicher Perioden
- Materialien und Werkzeuge zur Reinigung

sind noch folgende Informationen hilfreich:

- die Art und Häufigkeit von Instandhaltungsarbeiten;
- vorbeugende Instandhaltung (Wartung), Instandhaltungspläne sowie Inspektionen, die notwendig für die Sicherheit sind;

- klare Hinweise dafür, ob der Benutzer die Instandhaltung ... selber versuchen kann, oder ob er eine (dafür) qualifizierte Person hinzuziehen sollte;
- Sicherheitsmaßnahmen (vor, nach und während der Instandhaltungsarbeiten);
- genügend detaillierte Beschreibung der Reinigungsmethode und Reinigungsmittel (stark gekürzt);
- Hinweise darauf, wo technische Hilfestellung erhalten werden kann (etwas geändert).

Es wird insbesondere gefordert, dass Instandhaltungsmaßnahmen, die von nicht geschultem Personal vorgenommen werden können, deutlich gekennzeichnet werden sollen. Das kann beispielsweise dadurch realisiert werden, dass diese Informationen in einem separaten Kapitel abgehandelt werden. Eine andere Möglichkeit wäre die, Instandhaltungsarbeiten, die durch Fachkräfte durchgeführt werden müssen, in einer separaten Gebrauchsanleitung zu veröffentlichen.

Für geschultes Personal wird gefordert, dass (u. a.) folgende Informationen bereitgestellt werden:

- Art und Häufigkeit der Inspektionen
- vorbeugende Sicherheitsvorkehrungen und Warnungen für die Instandhaltung
  Anm.: Die Norm bezieht sich hier nur auf unter Spannung stehende Geräte, dies gilt jedoch analog für alle Gefährdungen
- Zeichnungen und Diagramme zur effektiven Ausführung
- Überprüfung der Warneinrichtungen
  Anm.: Zeitliche Abstände, Vorgehensweisen, Dokumentation
- Einzelheiten zu Reinigungsmethoden
- Instandhaltungspläne
- Kontaktdaten zum Anbieter und zu allen, deren fachliche Hilfe in Anspruch genommen werden kann.

Auch hier können die Informationen, die nach der Norm für Fachkräfte bereitgestellt werden sollen, auch für nicht geschultes Personal hilfreich sein, wenn sie ausbildungsgerecht aufbereitet werden.

Geplante Instandhaltung von Industrieanlagen 5.10.3

Die Forderungen nach einem umfassenden Instandhaltungs- und Serviceplan, der alle Informationen der Schlüsselkomponenten enthält, in der DIN EN 82079-1 sind zwar nachvollziehbar, aber für eine Grundlagennorm sehr speziell. Die Forderung nach einem umfassenden Instandhaltungs- und Serviceplan für eine Industrieanlage durch Kombination der Instandhaltungs- und Servicepläne von allen Schlüsselkomponenten ist an dieser Stelle nicht weiter konkretisiert worden. Angaben zur Zielgruppe oder an den Inhalt fehlen hier. Solche Forderungen sollten in einem der weiteren Teile der 82079-Reihe geregelt werden, der sich mit der Dokumentation von Industrieanlagen oder Investitionsgütern beschäftigt. Um dem produktübergreifenden Anspruch der DIN EN 82079-1 näher zu kommen, sind in der nächsten Überarbeitung der Norm an dieser Stelle weitere produktspezifische Anforderungen oder Abschnitte, z. B. geplante Instandhaltung von Gebäuden, sinnvoll.

5.11 Mitgelieferte Zubehörteile, Verbrauchsmaterialien, Ersatzteile

Diese Forderung ist in der Norm weiter untergliedert in

- Zubehörteile (siehe Abschnitt 5.11.1 der Norm) und
- Verbrauchsmaterialien (siehe Abschnitt 5.11.2 der Norm)
- Ersatz- und Austauschteile

Die Informationen, die für Zubehörteile und Verbrauchsmaterialien bereitgestellt werden sollen, sind weitgehend für beide sinnvoll:

- Name, Teilenummer und ob es zwingend erforderlich oder optional ist
- visuelle Darstellungen zur Identifizierung (gegebenenfalls in einer Explosionszeichnung)
- Beschreibung von Funktion
- Beschreibung von empfohlener Menge
- Information zum Entfernen und zur Montage

und speziell für Verbrauchsmaterialien:

- typische Häufigkeit des Austausches
- Information zur Entsorgung

Die Anforderungen an Informationen für Ersatzteile, die in der Norm synonym auch „Austauschteile“ genannt werden, sind (u. a.) wie folgt:

- Name, Teilenummer (bzw. in der Norm heißt es Identifikations- und Seriennummer), Betriebsmittelkennzeichnung (nach IEC 81346)
- visuelle Darstellungen zur Identifizierung (vorzugsweise in einer Explosionszeichnung)
- Bezugsquelle
  Anm.: Informationen zur Wiederbeschaffung

- Wiederaufbereitungsinformationen
- Information zur Entsorgung

Anm.: Die Forderungen der Norm sind hier teilweise zusammengefasst.

Informationen zu speziellen Werkzeugen, Geräten und Materialien 5.12

Die Norm fordert, dass Informationen zu speziellen Werkzeugen, Geräten und Materialien üblicherweise nur Fachkräften zur Verfügung gestellt werden sollen. Hier sollte die redaktionelle Fachkraft der Risikobeurteilung noch einmal besondere Aufmerksamkeit widmen. Gerade für die Verwendung von speziellem Werkzeug wird in der Risikobeurteilung häufig die Nutzung durch Fachkräfte vorausgesetzt.

Informationen zu Reparatur von Produkten und Austausch von Teilen 5.13

Diese Forderung wird ebenfalls (wie bei Fehlersuche, Reparatur und Instandhaltung des Produkts) für zwei unterschiedliche Zielgruppen untergliedert in

- nicht geschulte Personen (siehe Abschnitt 5.13.1 der Norm) und
- Fachkräfte (siehe Abschnitt 5.13.2 der Norm).

Für nicht geschulte Personen wird gefordert, dass Informationen hierzu üblicherweise nicht gegeben werden sollen. Oder positiv formuliert (wie im englischen Original: „... Such information shall be provided only to skilled persons“): „Diese Informationen sollen nur geschulten Personen zugänglich gemacht werden“. Hier gilt, wie oben bereits erwähnt, dass die redaktionelle Fachkraft der Risikobeurteilung für diese Lebensphase noch einmal besondere Aufmerksamkeit bezüglich der Zielgruppe widmen sollte.

Die Anforderungen an Informationen zu Reparatur von Produkten und Austausch von Teilen sind (u. a.) wie folgt:

- Bezugsquelle
- Vorgehensweise bei Reparatur oder Austausch
- Vorgehensweise der Prüfung nach Reparatur oder Austausch
- Informationen zum Kundendienst

Die Forderungen der DIN EN 82079-1 an den Inhalt der Informationen sind für nicht geschulte Personen und Fachkräfte weitgehend gleich. Allerdings gilt auch hier, dass sie ausbildungsgerecht aufbereitet werden müssen.

5.14 Erforderliche Informationen, wenn das Produkt nicht mehr gebraucht wird

Dieser Abschnitt der DIN EN 82079-1 fordert, dass Informationen „in Bezug auf Handhabung, Wiederverwendung, Recycling oder Entsorgung des Produkts“ in der Gebrauchsanleitung wiedergegeben werden sollen. Darüber hinaus ist die Demontage zu beschreiben.

Die Demontage soll für den „Verbraucher“ (gemeint ist hier der ansonsten in der DIN EN 82079-1 erwähnte „Nutzer“) nur erlaubt sein, wenn „dies keine Gefährdung darstellt“. Diese Forderung gilt natürlich für jegliche Art der Information. Von einem möglichen Verweis zu dem Abschnitt Montage (nach dem Motto: „demontieren Sie das Produkt in umgekehrter Weise, wie Sie es montiert haben“) wird vom Autor abgeraten, auch wenn die Demontagearbeiten ähnlich sind. Zum einen ist dies meistens gar nicht möglich und zum anderen stehen im Kapitel Montage die zugehörigen Warnhinweise selbstverständlich VOR den Handlungen. Werden die Handlungen in umgekehrter Weise durchgeführt, ständen die Warnhinweise NACH den Handlungen.

Des Weiteren wird hier schon auf eine sichere und umweltgerechte Behandlung von Abfallprodukten hingewiesen, die in den Abschnitten 5.14.3 und 5.14.4 konkretisiert werden.

Die Schwierigkeit für die redaktionelle Fachkraft, die Informationen zum Recycling und/oder zur Entsorgung umsetzen möchte, ist, dass sich die gesetzlichen Anforderungen an das Recycling und an die Entsorgung über die Zeit ändern. Eigentlich bleibt dem Ersteller der Dokumentation nichts anderes übrig, als den Nutzer des Produkts auf den derzeitigen Stand der von ihm verwendeten Materialien aufmerksam zu machen und ihn darauf hinzuweisen, dass er im Falle des Abbaus die dann geltenden Regeln beschaffen und beachten soll. Gegebenenfalls sind sogar alle verwendeten Materialien einer kritischen Prüfung zu unterziehen. Materialien, die heute als unbedenklich gelten, können in 20 Jahren vielleicht als bedenklich eingestuft werden (und – in seltenen Fällen – umgekehrt). Eine umfassende Auflistung der verwendeten Materialien wäre also sinnvoll (siehe entsprechende Liste der Risikobeurteilung).

5.15 Prozesse zur Inhaltsbeschaffung

Idealerweise ist eine redaktionelle Fachkraft Mitglied des Entwicklungs- und Konstruktionsteams.

Es bietet sich an, regelmäßige Redaktionskonferenzen einzuberufen. In diesen Redaktionskonferenzen kann der Redakteur seine Informationen zu den Inhalten erhalten und alle informieren, wie weit das Projekt ist und welche Informationen noch fehlen. Teilnehmer an den Redaktionskonferenzen sollten Mitarbeiter aus allen Abteilungen sein (auch aus dem Marketing). Ob immer alle Mitarbeiter an allen Konferenzen teilnehmen müssen, kann jeweils in der Agenda festgelegt werden.

Solche Redaktionskonferenzen können wie folgt vorbereitet werden:

- Produktanalyse
  Die Produktanalyse kann bei Unternehmen, die Serienprodukte oder ähnliche Produkte herstellen, relativ kurz ausfallen. Es geht in erster Linie um die Beantwortung der Fragen nach dem „WO? WER? WAS? WANN? WIE? WARUM?" aus dem Abschnitt 5.1 dieses Kommentars.
  Es geht in erster Linie um die Klärung
  - der Produkteigenschaften,
  - der Einsatzmöglichkeiten und -bedingungen und
  - des Sicherheitskonzepts.
- Zielgruppenanalyse
  Bei unterschiedlichen Benutzerprofilen ist Folgendes zu klären:
  - Informationsbedarf
  - Vorkenntnisse/Qualifikation
  - Sprache(n)
  - Lernverhalten
  - Welche Informationen erwarten die Benutzer an welcher Stelle?

  Wenn Produkte dazu bestimmt sind, von Zielgruppen mit besonderen Bedarfen genutzt zu werden, muss die Gebrauchsanleitung diese berücksichtigen. Zielgruppen mit besonderen Bedarfen sind z. B.:
  - ältere Menschen
  - Kinder oder andere Personen, die ohne Aufsicht nicht in der Lage sind, das Produkt sicher zu nutzen
  - Menschen mit Behinderungen
  - Erwachsene, die Kinder beaufsichtigen
  - funktionale Analphabeten

  Im Idealfall können die unterschiedlichen Benutzergruppen auch gezielt in der Betriebsanleitung angesprochen werden.
- Tätigkeitsanalyse
  Hilfreich kann hier eine Matrix sein, wie sie in Bild 6 „Beispiel für eine Wer-macht-was-Matrix" skizziert ist.
- Normenrecherche
  Gibt es insbesondere C-Normen, die besondere Anforderungen an die Dokumentation stellen (die über die Anforderungen der DIN EN 82079-1 hinausgehen)?

Folgende Websites sind geeignet für die Recherche:

- Beuth Verlag www.beuth.de
- Deutsches Institut für Normung e.V. (DIN) – www.din.de
- American National Standards Institute (ANSI) – www.ansi.org
- International Standardization Organization – www.iso.org
- International Electrotechnical Commission (IEC) – www.iec.ch
- Comité Européen de Normalisation (Europäisches Komitee für Normung) (CEN) – www.cenorm.be
- Comité Européen de Normalisation Electrotechnique (Europäisches Komitee für Elektrotechnische Normung) (CENELEC) – www.cenelec.eu

Normentypen:
Typ-A-Norm (Grundnorm)
Typ-B-Norm (Gruppennorm)
Typ-C-Norm (Produktnorm)

- Risikobeurteilung
  Gute Risikobeurteilungen lassen sich auf Hinweise, die dem Bediener zu seiner Sicherheit dienen, filtern.
  Auch die Signalwörter können aus einer guten Risikobeurteilung direkt abgeleitet werden
- Richtlinienrecherche
  In welche EU-Richtlinien fällt das Produkt und ergeben sich aus den Schutzzielen besondere Anforderungen an die Dokumentation?
- Dokumentenanalyse
  Welche Dokumente über das Produkt existieren bereits (z. B. Verkaufsunterlagen). Das zu recherchieren, ist allerdings nur der zweitbeste Weg. Besser wäre, wenn der Redakteur bei der Erstellung aller produktspezifischen Dokumente einbezogen wird.
- Dokumentationsrichtlinie
  Existiert eine Dokumentationsrichtlinie des Endkunden (vor allem im Maschinen- und Anlagenbau relevant), die der firmeneigenen Dokumentationsrichtlinie widerspricht oder über sie hinausgeht? In der unternehmenseigenen Dokumentationsrichtlinie sind folgende Aspekte festzulegen:
  - Gesetze, Normen, Regeln und Richtlinien (s. o.)
  - Berücksichtigung der Zielgruppe(n) (s. o.)
  - Äußere Form und Ausführung
  - Gliederung
  - Orientierungshilfen und Verzeichnisse
  - Text (Textfunktionen, Schreibregeln)

- Sicherheitshinweise
- Warnhinweise
- Abbildungen

Fragen zu Einzelproblematiken können aber auch gut durch gezielt durchgeführte Interviews geklärt werden. Wichtig hierbei ist, dass auch solche Interviews zeitlich eingeplant werden.

Ob für die Zusammenstellung der einzelnen Informationseinheiten ein CMS-System sinnvoll ist, ist von vielen Faktoren abhängig. Aber hier gilt sicher sinngemäß das Gleiche, was schon zum Thema Terminologieverwaltungssystem erwähnt wurde:

Die erste Pflicht ist nicht die Suche nach einem geeigneten Tool, sondern die Erarbeitung eines unternehmensweiten Schreibstils, die inhaltliche Qualitätssicherung und die Strukturierung der Dokumentation. Wenn das geregelt ist, können geeignet Module definiert werden und erste Überlegungen angestellt werden, wie diese Module am besten verwaltet werden können. Dazu können den einzelnen Modulen im Vorfeld Metadaten zugeordnet werden, die das Auffinden und die Verwaltung der Module vereinfachen.

Strukturen 5.16

[Wolfram Pichler]

Allgemeines 5.16.1

Vor allem nebenberufliche Anleitungs-Redakteure, Einsteiger und Seiteneinsteiger fragen sich: Nach welchen Kriterien soll ich die Anleitung strukturieren und gliedern? Die Regel hierfür lautet: Die Abfolge der Informationen soll sich nicht an der Produktstruktur orientieren, sondern an den Bedürfnissen der Zielgruppe. Die Informationen sollen also nicht in der Denkstruktur des Anbieters angeordnet sein, sondern in der aufgabenorientierten Denkstruktur der Leser. Daraus folgt: Die Struktur der Anleitung soll dem Lebenszyklus des Produkts folgen. Die Einzelschritte sollen in der Reihenfolge stehen, in der die Anwender mit dem Produkt Aufgaben lösen werden.

Dabei kann man sich wiederum an den Reihenfolge-Regeln der Maschinensicherheitsnorm DIN EN ISO 12100, Abs. 5.4, für die Risikobeurteilung orientieren:

- Transportieren, montieren und installieren
- In Betrieb nehmen
- Betrieb
- Demontieren, außer Betrieb nehmen, entsorgen

Um den Aufforderungscharakter deutlich zu machen, empfiehlt es sich, die Überschriften – sofern möglich – verbal aktiv zu formulieren. Wenn man so verfährt, dann wird sich das Inhaltsverzeichnis fast wie eine Kurzanleitung lesen.

Die Vorgängerausgabe der Norm enthielt im Anhang noch ein Muster-Inhaltsverzeichnis. In die neue DIN EN 82079-1 ist das Muster-Inhaltsverzeichnis nicht mehr aufgenommen worden. Wir bieten denjenigen, die Orientierung suchen, in diesem Kommentar ein Muster-Inhaltsverzeichnis an. Bitte bedenken Sie aber: Ein Beispiel kann keine umfassenden Informationen geben, die jede individuelle Anforderung abdecken. Daher ist jede hier aufgelistete Überschrift zu überprüfen gegenüber Anforderungen aus der Komplexität, dem Risiko, den gesetzlichen Anforderungen und so weiter. Trotzdem dürfte dieses Beispiel für den Einstieg eine nützliche Hilfe sein.

In unserem Beispiel ist Kapitel 2 „Produktbeschreibung, Technische Daten“ und Kapitel 3 „Grundlegende Sicherheitshinweise“. Darüber lässt sich diskutieren. Auch für die umgekehrte Reihenfolge gäbe es Argumente. Die allgemeine Regel lautet: Das Kapitel Sicherheitshinweise soll weit vorne in der Anleitung stehen. Nun ist es aber so: Wenn wir den Aufbau eines Produktes noch nicht kennen, dann können wir vielleicht auch den einen oder anderen grundlegenden Sicherheitshinweis nicht verstehen, weil wir nicht wissen, auf welche Stelle des Produktes er sich bezieht. Diese Überlegung würde die in unserem Beispiel gewählte Reihenfolge unterstützen.

Muster-Inhaltsverzeichnis

1 Identifizierung

- 1.1 Produktmarke und Typbezeichnung
- 1.2 Produktversion, Release-Nr. (Software), Edition der Anleitung
- 1.3 Name und Adresse des Herstellers, Lieferanten, Vertreibers, Impressum, Copyright
- 1.4 Leitfaden: Definitionen, Druckkonventionen, mitgeltende Dokumente

2 Produktbeschreibung, Technische Daten

- 2.1 Aufbau, Allgemeine Funktionen und Anwendungsbereich
- 2.2 Stellteile und ihre Funktionen
- 2.3 Maße und Gewicht (für Transportzwecke)
- 2.4 Angaben zur Strom-, Gas-, Wasserversorgung u. Ä.
- 2.5 Energieverbrauch, -bedingungen
- 2.6 Emissionen von Lärm, Abfall usw.

2.7 Schutzart (IP-Code)
2.8 Umgebungsbedingungen, Grenzen für Betrieb und Lagerung

3 Grundlegende Sicherheitshinweise
3.1 Zielgruppe/n, Personalqualifikation
3.2 Bestimmungsgemäßer Gebrauch, vernünftigerweise vorhersehbare Fehlanwendung
3.3 Persönliche Schutzausrüstung, Schulung
3.4 Transport, Aufstellung, Inbetriebnahme
3.5 Schutzeinrichtungen, Not-Halt
3.6 Betrieb
3.7 Reinigung, Wartung, Instandhaltung
3.8 Außerbetriebnahme, Demontage, Entsorgen
3.9 Sorgfaltspflicht des Betreibers
3.10 Sorgfaltspflicht der Benutzer
3.11 Fristen für wiederkehrende Prüfungen

4 Das Produkt für den Gebrauch vorbereiten
4.1 Transportieren und lagern
4.2 Sicherheitsmaßnahmen vor Gebrauch
4.3 Auspacken, Lieferumfang kontrollieren
4.4 Die Verpackung sicher entsorgen
4.5 Vorbereitende Arbeiten vor der Installation
4.6 Aufstellungsort, Installieren und Montieren, Arbeitsplätze
4.7 Inbetriebnahme, Einrichten, Einstellen, Prüfabläufe
4.8 Lagern und schützen zwischen Gebrauchsperioden
4.9 Zuordnung der Informationen für Laien, Fachkräfte
4.10 Anbringungsort der Anleitung

5 Betrieb
5.1 Sicherer Betrieb/sicheres Funktionieren
5.2 Arbeitsabläufe (handgesteuert, Automatikbetrieb)
5.3 Sekundäre Funktionen (z. B. Handhabung des Materials)
5.4 Außergewöhnliche Funktionen/Situationen
5.5 Zu beobachtende Signale
5.6 Schutz von Personen
5.7 Optionale Module, Extras
5.8 Kurzanleitungen
5.9 Das Abfallmaterial entsorgen
5.10 Notfallmaßnahmen

6 Optionale Module und Extras, Spezifikationen

7 Instandhalten und Reinigen

7.1 Sicherheitsmaßnahmen

7.2 Instandhalten durch Laien

7.3 Instandhalten durch Fachkräfte

8 Instandhaltung und Reparatur durch den Kundendienst

8.1 Instandhaltungszyklen für sicheren Betrieb

8.2 Fehlersuche, Fehlzustandsdiagnose und Reparatur

8.3 Adressen von Kundendiensten

8.4 Wiederverpacken vor erneutem Transport

9 Liste der Ersatzteile und Verbrauchsgüter

10 Außerbetriebnahme, Demontage, Entsorgung

Anhänge

z. B. Komponentenanleitungen von Zulieferern

z. B. EG-Konformitätserklärung, Zertifikate

z. B. Glossar

z. B. Stichwortverzeichnis/Index

5.16.2 Seitennummerierung

Die Empfehlung, mehr als zwei Seiten als „n" von „m" zu nummerieren, kann man vielleicht so interpretieren, dass sie nur für Loseblattwerke gilt, wie sie im Maschinenbau üblich sind. Anleitungen für Verbraucherprodukte sind üblicherweise fest gebunden, so dass sich die Angabe der Gesamtseitenzahl auf jeder Seite erübrigt.

5.16.3 Inhaltsverzeichnis

Es ist klar, dass die Überschriften und Seitenzahlen im Inhaltsverzeichnis mit denen im Text übereinstimmen müssen. Dennoch passieren immer wieder mal Unstimmigkeiten, wenn man kurz vor dem Liefertermin vergisst, ein automatisch erstelltes Inhaltsverzeichnis noch ein letztes Mal zu aktualisieren. Diese Maßnahme sollte zur Routine werden, auch wenn man meint, an der Abschnittsstruktur (keine) Änderungen vorgenommen zu haben.

5.16.4 Stichwortverzeichnis

Einen Index zu erstellen, fordert besonderes Fachwissen. Die Regeln dafür sollten wir uns von Index-Experten besorgen und/oder in unserer

Redaktionsrichtlinie (vergleiche Abs. 6.1.2) verankern. Ohne diese Maßnahme kann man viel falsch machen:

- Einzahl, Mehrzahl, Kasus
- Struktur verwandter Stichwörter
- Wörter, nach denen die Leser suchen werden, die aber im Text gar nicht vorkommen und andere

Ehe wir uns dieser Mühe unterziehen (oder auf die Schnelle einen unbrauchbaren Index erstellen), sollten wir uns überlegen, ob ein Index im Einzelfall notwendig/hilfreich ist. Der Spielraum der DIN EN 82079-1 lässt es zu, eine Anleitung als weder „lang“ noch „komplex“ zu klassifizieren.

Definition technischer Fachbegriffe 5.16.5

Neu ist an dieser Stelle eine Forderung für Anleitungen für Verbraucher-Produkte: ob diese Zielgruppen die verwendeten Fachbegriffe versteht, sollte durch Anwender-Tests ermittelt werden. Die DIN EN 82079-1 empfiehlt ein Glossar, wenn technische Fachbegriffe in einer Anleitung vorkommen, die für die Zielgruppe nicht sofort verständlich sind.

Symbole 5.16.6

Nach der Vorgängernorm DIN EN 62079 sollten Symbole definiert werden, wenn sie „nicht unmittelbar verständlich oder nicht eindeutig sind“. Im Grunde sollte man derartige Symbole von vornherein gar nicht verwenden, sondern nur genormte Symbole. Allerdings können wir nicht davon ausgehen, dass die Zielgruppe die Symbol-Normen kennt. Deswegen verlangt die DIN EN 82079-1 konsequenterweiser, Symbole in einer Liste zu erklären.

Darstellungskonventionen 5.16.7

Nach der Vorgängernorm DIN EN 62079 sollten Darstellungskonventionen erklärt werden, „die für die angesprochen Zielgruppe nicht sofort verständlich sind“. Diese Einschränkung ist in der neuen Norm entfallen. Jetzt sollen die Darstellungskonventionen in jedem Fall aufgelistet und erklärt werden.

Stellteile und Anzeigen 5.16.8

Stellteile und Anzeigen sollten nach DIN EN 62079 in einer separaten Liste aufgeführt werden, nach DIN EN 82079-1 „gegebenenfalls“, d. h., sobald ein Produkt Stellteile und Anzeigen hat.

Gestaltung von Anleitungen 6

[Wolfram Pichler]

Verständlichkeit 6.1

Anerkannte Kommunikationsprinzipien 6.1.1

Wie bereits die Vorgängernorm enthält auch die DIN EN 82079-1 die beiden Kapitel

5 Inhalt von Gebrauchsanleitungen und

6 Gestaltung von Gebrauchsanleitungen.

Letzteres ist jetzt aber anwenderfreundlicher geworden: Die Verständlichkeit ist zu einem eigenen Unterkapitel geworden. Ein Experte lässt sich zitieren: „Wenn ich Anleitungen nach Recht und Gesetz schreibe, versteht sie kein Mensch.“ [Godehard Pötter, Recklinghausen] Das spiegelt auch die Schieflage der jüngeren Fachdiskussion wider: Die Forderung nach Verständlichkeit wurde gegenüber derjenigen nach Gesetzen, Richtlinien und Normen (und Dateiformaten) sträflich vernachlässigt. Dem wirkt die neue Anleitungsnorm erfreulich entgegen. Zielgruppen Nummer eins einer Anleitung sind nicht die Marktaufsichtsbehörden, sondern die Anwender. Die Forderung nach zielgruppengerechter Darstellung war allerdings noch nie umstritten – jedenfalls nicht als unverbindlicher Appell.

Die erste Forderung des Abs. 6.1.1 der Norm befasst sich mit Schritt-für-Schritt-Anleitungen. Zu jedem einzelnen Schritt sollten möglichst visuelle Darstellungen das Verständnis unterstützen. Vor jedem Schritt sollten die Voraussetzungen angegeben werden. Die Produkt-Anwender sollten angehalten werden, nach Durchführung eines jeden Schrittes das Ergebnis zu prüfen.

Anerkannte Strukturierungsmethoden sollten verwendet werden: Was sollen Anwender wie in welcher konkreten Reihenfolge tun? Danach wäre folgende Aufforderung nicht mehr zulässig: „Führen Sie die Montage in umgekehrter Reihenfolge durch.“ Das hat so in der Praxis ohnehin selten funktioniert.

Gestaltungsleitsatz/Redaktionsrichtlinie 6.1.2

Die DIN EN 82079-1 verwendet den Begriff „Gestaltungsleitsatz“. In der Praxis üblich ist jedoch der Begriff „Redaktionsrichtlinie“. Dieser wird im Folgenden verwendet.

Die Forderung nach einer Redaktionsrichtlinie ist ein Novum in der DIN EN 82079-1. Eine Redaktionsrichtlinie erlaubt sicheres und leichtes

Schreiben mit einheitlichen Begriffen und verständnisfördernden Sprachstilen und hat den Charakter einer Verfahrensanweisung nach ISO 9000ff. Die Redaktionsrichtlinie verringert Schreib- und Korrekturaufwand (und damit Kosten) und sichert die Nachhaltigkeit der Textqualität mit organisationsweiten Standardregeln, auch im Falle von Personalfluktuation. Sie ist also ein wesentlicher Beitrag zur Konsistenz, Effizienz und Rationalisierung.

In der Redaktionsrichtlinie sollte auch eine Strategie zur einheitlichen Terminologie festgelegt werden. Dies senkt nicht nur die Übersetzungskosten – es dient auch der Verständlichkeit. Weitere Hinweise hierzu: Abschnitt 6.1.4 der Norm.

In der Fachliteratur finden sich wenige Beispiele für Redaktionsrichtlinien zum Nachahmen. Diese Wenigen sind auch noch in englischer Sprache. Das macht das Nachahmen für deutschsprachige Redaktionen schwierig. Redaktionsrichtlinien sind stark sprachenabhängig und zudem unternehmensabhängig. Deswegen können wir nur recherchieren, wie andere Länder und dort verschiedene Organisationen damit umgehen, und dann eine eigene Redaktionsrichtlinie analog entwickeln.

Redaktionsrichtlinien – auch Redaktionshandbuch, Redaktionsleitfaden, engl. Style Guide oder Style Manual (in der DIN EN 82079-1 falsch rückübersetzt mit „Gestaltungsleitsatz") – können nach verschiedenen Systematiken aufgebaut sein:

- sachorientiert,
- alphabetisch oder
- gemischt.

Der Style Guide des Economist ist in drei Teile untergliedert:

1. alphabetisch sortierte Stilfibel – Stichwörter mit Erläuterungen und Positiv- und Negativ-Beispielen
    - Abkürzungen
    - Akzente
    - Akronyme
    - Aktiv, nicht passiv
    - Affekt
    - Aggression
    - Alternative
    - Amerikanismen
    - Anarchie

- autark
- ... usw.

2. amerikanisches und britisches Englisch
    - Stil, Grammatik
    - Wörter-Tabelle für unterschiedliche Schreibweisen und Begriffe
3. Journalistische Themenbereiche, alphabetisch sortiert und aufbereitet wie ein Glossar

Das „Manual of Style“ aus Redmond enthält in der ersten Hälfte 12 sachorientierte Kapitel von der Dokumentation der Benutzerschnittstelle über Stil und Grammatik bis zu Akronymen und Abkürzungen.

Die zweite Hälfte ist aufgebaut wie ein Glossar: Stichwörter mit Erläuterungen und Positiv- und Negativ-Beispielen.

Als Motto könnte ein Zitat des ungarisch-amerikanischen Verlegers Joseph Pulitzer [1847–1911] die Präambel zieren:

„Was immer du schreibst ...
schreibe kurz, und sie werden es lesen,
schreibe klar, und sie werden es verstehen,
schreibe bildhaft, und sie werden es im Gedächtnis behalten.“
(vgl. Abs. 6.1.5)

Beispiel für Sprachregeln (vgl. auch Tabelle 1 im Absatz 6.1.7 der Norm)

- Kurze, präzise Sätze (Subjekt – Prädikat – Objekt)
- Geläufige Wörter (ggf. im Anwendertest ermitteln)
- Passiv und Konjunktiv möglichst vermeiden!
- Wenn schon Modalverben, dann nur treffsicher verwenden!
- Verben nie substantivieren („... ung erfolgt“)!
- Gleiche Gegenstände und Verfahren gleich benennen!
- Eindeutig formulieren!
- Nichtssagende Floskeln vermeiden!
- Gleicher Stil für gleiche Arten an Informationen!
- Wann immer möglich: positiv formulieren statt (doppelt) negativ

Beispiel für erlaubte ⊕ und verbotene ⊖ Formulierungen für Handlungsaufforderungen

⊕ Imperativ: Drücken Sie die Kopiertaste. (Höflichkeits-Infinitiv)

⊕ Infinitiv ohne zu: Die Kopiertaste drücken. (einfacher infinitiver Imperativ)

⊖ Infinitiv mit zu: Die Kopiertaste ist zu drücken.

⊖ Konjunktiv: Man drücke die Kopiertaste.

⊖ Passiv: Die Kopiertaste wird gedrückt.

⊖ Modalverb: Sie sollten die Kopiertaste drücken. (nur unverbindliche Empfehlung)

6.1.3 Struktur

Die DIN EN 82079-1 empfiehlt, eine einheitliche Strukturierungsmethode zu verwenden, die die Textfunktionen optimal unterstützt.

Normative Verweise:

- DIN 2330 Begriffe und Benennungen – Allgemeine Grundsätze
- DIN 2331 Begriffssysteme und ihre Darstellung
- DIN 2342 Teil 1 Begriffe der Terminologielehre – Grundbegriffe

6.1.4 Einfach und kurz

Sätze sollten nicht nur einfach und kurz sein, sondern auch grammatisch korrekt und fehlerfrei.

Erfreulich ist die Aufnahme der Regel in die DIN EN 82079-1, Kreuz- und Querverweise möglichst zu vermeiden. Diese Regel schützt die Anwender davor, hin und her blättern zu müssen, statt einfach einen Abschnitt ohne Unterbrechung lesen zu können. So raubt die Anleitung den Lesern nicht unnötig ihre Zeit. Schließlich liest niemand Anleitungen zum Zeitvertreib, sondern nur, um den Produktnutzen effizient und sicher zu erschließen.

6.1.5 Eine Handlungsanweisung pro Satz

Für Gebrauchstexte wie Anleitungen gilt die Regel: Redakteure müssen mit dem Kopf der Leser denken. Wenn ein Satz mehr als einen Handlungsschritt enthält, dann müssen Leser sich jede einzelne Satzkomponente merken bis zum Schluss des Satzes. Das verlangt Gedächtnisleistung von ihnen, die sie beim Lesen aufhält.

6.1.6 Regeln für einfache Wortwahl

Die Tabelle 1 mit Beispielen für Textstile ist gegenüber der Vorgängernorm geringfügig erweitert. Sie kann als Einstieg in den Aufbau einer unternehmensinternen Redaktionsrichtlinie gelten.

Genormte Warnsymbole 6.1.7

Wir sollten in der Regel genormte Symbole verwenden, vorzugsweise nach DIN EN ISO 7010 und DIN 4844-2. Nur wenn es für einen besonderen Zweck keine genormten Symbole gibt, kann man ein eigenes entwickeln. Die Regel hierfür ist: Funktion ist wichtiger als Ästhetik. Anwendertests sind ein probates Mittel um festzustellen, ob ein erfundenes Symbol funktioniert.

Ergonomische Prinzipien 6.1.8

Für Technik-Redakteure kann der Begriff „Ergonomische Prinzipien" unterschiedliche Bedeutungen haben:

1. Wie stelle ich mir meinen Bürostuhl (bei Luxus-Arbeitsplätzen: auch die Schreibtischhöhe) ein, damit ich mir im Laufe meines jahrzehntelangen Arbeitslebens am Computer weder die Muskeln verspanne, noch die Gelenke künstlich verschleiße?
2. Im Maschinen- und Anlagenbau bedeutet „Ergonomische Prinzipien" nach Maschinenrichtlinie 2006/42/EG: Wie sind die Maschinen und Anlagen zu konstruieren, damit das Bedienpersonal ohne vermeidbare Beanspruchung und ohne berufsbedingte Krankheiten den Produktnutzen erschließen kann? Welche zusätzlichen Angaben brauchen Anwender in diesem Zusammenhang in der Betriebsanleitung?
3. Diese Bedeutung ist in der neuen Anleitungsnorm gemeint: Wie gestalte ich Anleitungen und Onlinehilfen so, dass die Leser nicht über Gebühr aufgehalten werden?

Abschnitt 6.1.9 enthält nur die grundsätzliche Forderung auf Einhaltung ergonomischer Prinzipien. Hier wird auf die Normenreihe ISO 9241 verwiesen. Abschnitt 6.7 füllt diese Forderung für Anleitungen als elektronische Medien im Detail mit Leben.

Die Aufmerksamkeit der Leser gewinnen und wachhalten 6.1.9

Dieser Abschnitt stellt Regeln für eine ansprechende und gewinnende Ausdrucksweise auf:

1. Nur sauber definierte Begriffe verwenden.
2. Politisch korrekte Begriffe verwenden.
3. Übertriebene Warnhinweise vermeiden.
4. Reklame hat in Anleitungen nichts zu suchen.
5. Gesetzliche Vorschriften wie Haftungsfragen sind getrennt von Anleitungstexten herauszugeben.

6.1.10 Korrekturlesen

Wenn die Leser der DIN EN 82079-1 erfahren, welche Kriterien für das Korrekturlesen gelten sollen, dann erfahren sie ganz nebenbei auch, dass das Korrekturlesen ein unverzichtbarer Bestandteil der Qualitätskontrolle ist. Als Kriterien werden angegeben:

1. Textstruktur und Wortwahl sollen der Redaktionsrichtlinie entsprechen.
2. Rechtschreibung, Zeichensetzung und Grammatik sollen korrekt sein und
3. Begriffe sollen konsistent verwendet werden.

6.2 Leserlichkeit

Leserlichkeit (in Abgrenzung zur Lesbarkeit) ist ein Maß für die Schnelligkeit, mit der ein Text optisch erfassbar ist. Sie wird von der Typografie bestimmt. Die Leserlichkeit ist optimal, wenn Schriftart und -größe sowie Zeilenabstand und -länge aufeinander abgestimmt sind.

Im Gegensatz dazu ist Lesbarkeit ein Maß für das Verständnis von Texten. Sie wird von der sprachlichen Gestaltung (Wort- und Satzkomplexität, Wortschatz) bestimmt.

6.2.1 Schrift- und Symbolgrößen

Der demografischen Entwicklung folgend, verlangt die DIN EN 82079-1 Schriftgrößen, die mindestens so groß sind, dass auch ältere Anwender die Anleitung ohne Mühe lesen können, sofern sie als Zielgruppe in Betracht kommen. Gegenüber der Vorgängernorm verlangt die DIN EN 82079-1 aber nicht **eine** bestimmte Mindestschriftgröße, sondern bietet eine Tabelle mit Schriftgrößen und Symbolgrößen für verschiedene Anwendungsfälle an. Damit steht die Forderung im Einklang mit der typografischen Fachliteratur, vor allem vier Stellgrößen sensibel aufeinander abzustimmen: Schriftart und Schriftgröße sowie Zeilenlänge und Zeilenabstand. Aus dieser Kombination erst lässt sich eine optimale Leserlichkeit entwickeln.

6.2.2 Höchster Helligkeitskontrast

Die DIN EN 82079-1 verlangt, dass der Helligkeitskontrast so hoch wie möglich ist. In diesem Punkt ist die Fachliteratur präziser: die beste Leserlichkeit entsteht bei 100 % schwarz auf 100 % weiß. Akzeptabel ist noch ein Helligkeitskontrast von 70 %.

Leserlichkeitsnormen 6.2.3

Die Norm verweist hier ausdrücklich darauf, dass präzisere Informationen zur Leserlichkeit aus nationalen Normen angewandt werden sollten.

Layout 6.2.4

Auf allen Seiten ist ein Weißraum frei zu lassen. Die Fachliteratur spezifiziert einen Weißraum von etwa 25 % auf jeder Seite. Dies soll verhindern, dass die Seiten, von links oben bis rechts unten bedruckt, eine graue Bleiwüste zeigen und so das Lesen erschweren.

Illustrationen und Begleittext 6.3

Zusätzlich zu den Empfehlungen der DIN EN 82079-1 sind noch Regeln für die Bildgestaltung aus der Fachliteratur nützlich.

Mögliche Fragen:

- In welchen Fällen ist ein Foto, eine Zeichnung, eine Skizze oder eine CAD-erzeugte Grafik am informativsten?
- Welche Details soll die Illustration zeigen (und welche keineswegs)?
- Auf welches oder welche Detail/s soll die Illustration die Aufmerksamkeit der Leser lenken?
- Wie sind die Illustrationen zu gestalten, damit sie selbsterklärend sind?
- Ergänzen sich Text und Illustration, oder wiederholen sie die Botschaft?
- Sind die Illustrationen zusammen mit dem zugehörigen Text auf einen Blick zu erfassen (stehen sie dicht bei einander?)?
- Hat jede Illustration eine erläuternde Bildunterschrift?
- Sind die Illustrationen bei Bedarf auf späteren Seiten wiederholt?

„Goldene Regeln“:

- Im Durchschnitt 5 (höchstens 7) Positionen in einem Bild!
- Weglassen, was nicht dem Verständnis dient!
- Hilfs- und Mittellinien weglassen!
- Positionsziffern dicht ran ans Element!
- Keine Kreise um die Positionsziffern!
- Wichtige, aber zu kleine Elemente proportional überzeichnen!
- Dicke Konturlinien für „handelnde“ Elemente!

- Dünne Linien zur Lage-Orientierung!
- Lage im Raum klären (Toaster fliegen nicht)!
- Widersprüche zum Text vermeiden!
- Gerade Draufsicht bevorzugen!

Zum ersten Mal taucht jetzt in einer Norm die Forderung auf, Illustrationen fortlaufend zu nummerieren. Das war bisher nicht in jedem Falle erforderlich, vor allem dann nicht, wenn andere Forderungen erfüllt werden konnten, nämlich

- erstens, Text und Bild so nah beieinander anzuordnen, dass beides auf einen Blick erfassbar ist, und
- zweitens, Bilder wenn nötig zu wiederholen, statt sie zu referenzieren.

6.4 Symbole, Piktogramme, Warnzeichen

Die DIN EN 82079-1 schreibt die Verwendung genormter Symbole vor. Die Symbole der zitierten ISO 7010 sind auch auf einer CD-ROM erhältlich (ISBN 978-3-410-23313-5).

6.5 Anwendung von Tabellen

Wenn wir merken, dass wir gerade einen zahlenlastigen Text schreiben, dann sollten wir sofort erwägen, den Text durch eine Tabelle zu ersetzen oder zu ergänzen. Vor allem, wenn es um die Entwicklung einer Zahlenreihe über einen Zeitraum geht, oder wenn man bestimmte Werte vergleichen soll, dann ist eine Tabelle übersichtlicher als Fließtext.

Für Tabellen gilt das Gleiche wie für Illustrationen: Man soll sie bei Bedarf lieber wiederholen, anstatt die Leser zum Hin-und-Her-Blättern zu zwingen.

6.6 Anwendung geeigneter Dokumentenarten

Die Norm nennt als Beispiele für Dokumentenarten **Flussdiagramme** und **Schaltpläne**. Hier wäre ein zusätzlicher Hinweis nützlich gewesen, dass nicht jede Zielgruppe diese Dokumentenarten zu lesen versteht, und dass deswegen ihre Verwendung sorgfältig zu prüfen ist.

Elektronische Medien 6.7

Die Empfehlungen für die Gestaltung von Anleitungen in elektronischer Form sind gegenüber der Vorgängernorm aktualisiert und deutlich ausgebaut. Die Empfehlungen gehen bis ins Detail und sind dadurch gut in die Praxis umsetzbar. Aber auch in der jetzigen Form unterliegen sie dem technischen Wandel und werden laufend aktualisiert werden müssen.

Warnhinweise hervorheben 6.8

Dieser Abschnitt der Norm wird im Kapitel 7 des Kommentars behandelt – siehe insbesondere Abschnitt 7.4.4.

Farben 6.9

Das Drucken von Anleitungen in Farbe ist nirgendwo vorgeschrieben, kann aber aus didaktischen Gründen hilfreich sein und das Verständnis von Anleitungen unterstützen. Wer sich für farbige Gestaltung entscheidet, findet in der DIN EN 82079-1 einige detaillierte Empfehlungen für die Umsetzung.

Konsistenz 6.9.1

Funktional, systematisch und konsistent soll die Farbgestaltung sein. Sicherheitszeichen sollen in ihren genormten Farben verwendet werden.

Die Warnfarben Rot, Orange und Gelb sind in der ISO 3864-Normenreihe in ihrem Mischverhältnis exakt definiert. Diese exakten Mischungen gelingen allerdings nur Offset-Druckern. Anleitungen, die auf Laserdruckern oder Kopierern vervielfältigt werden, können die genormten Farbtöne nur annähernd erreichen. Und wenn sie dann noch schwarz-weiß kopiert werden, verwandeln sich die Warnfarben in verschieden intensive Grautöne.

Farbwahrnehmung 6.9.2

Bei farblicher Gestaltung müssen wir darauf achten, dass einige Anwender eine gestörte Farbwahrnehmung haben, zum Beispiel eine Rot-Grün-Schwäche. Deswegen darf Farbe nicht das einzige Unterscheidungsmerkmal sein. Hier können Kombinationen aus Farbe, geometrischer Form und Wörtern hilfreich sein.

6.9.3 Kopieren und drucken

Wir müssen davon ausgehen, dass farbige Anleitungen (entgegen dem ursprünglich geplanten Konzept) gelegentlich auch schwarz-weiß gedruckt oder kopiert werden. Deswegen ist es erforderlich, die Farbkontraste so zu gestalten, dass auch in Schwarz-Weiß ein ausreichender Kontrast erhalten bleibt.

Instruktionssicherheit 7

[Martin Galbierz]

Wer Produkte herstellt und in Verkehr bringt, schafft damit zugleich das Risiko, dass durch die Produkte ein Schaden verursacht wird, für den er haftbar gemacht werden kann.

Auch ohne einen Schadenseintritt sind rechtliche Konsequenzen zu erwarten, sobald „Gefahr im Verzug" ist. Besteht der begründete Verdacht einer Verletzung von Rechtsverordnungen zum Schutz der Sicherheit und Gesundheit von Personen, zum Schutz der Umwelt sowie sonstiger Rechtsgüter, sind Aufsichtsbehörden zur Abwehr von Produktrisiken befugt, Maßnahmen zu veranlassen oder ggf. selber durchzuführen (ProdSG, § 26 Absatz 2).

Maßnahmen der Aufsichtsbehörden umfassen u. a.:

- Untersagung von Ausstellungen eines Produktes
- Warnung der Öffentlichkeit vor Produktrisiken
- Nachbesserung von Produkten
- Rückruf von Produkten
- Vernichtung von Produkten

Wesentlich unangenehmer als die Folgen nach dem Verwaltungs- oder Zivilrecht ist die strafrechtliche Produkthaftung, die sich gegen natürliche Personen richtet, denen eine strafrechtliche Handlung mit dem Vorwurf einer „groben Fahrlässigkeit" angelastet wird. Nimmt ein Hersteller nachweislich Sicherheitsrisiken wiederholt billigend in Kauf und versucht sogar, diese zu vertuschen, wiegt der Straftatbestand besonders schwer.

Zur Erfüllung der Sorgfaltspflichten sind alle erforderlichen Maßnahmen zur Vermeidung von Produktgefahren zu ergreifen. Dazu zählt die Warnung vor gefährlichen Produkteigenschaften. Es liegt im Interesse der Hersteller, sich eingehend mit der Frage zu beschäftigen, welche Anforderungen an rechtskonforme Anleitungen bestehen und wie ein hohes Maß an Rechtssicherheit erreicht wird. Mit der alleinigen Fokussierung auf Sicherheitsaspekte ist dieses Ziel aber nicht zu erreichen.

Der Anwender will möglichst ohne Umwege ein Produkt sicher nutzen und wird ungeduldig und letztlich auch enttäuscht sein, wenn er nicht die Unterstützung erfährt, die er zu Recht erwartet. Eine Gebrauchsanleitung, die vor allem dazu benutzt wird, Produktwarnungen aufzulisten und das Anleiten zum bestimmungsgemäßen Gebrauch vernachlässigt, wird dieser Erwartungshaltung nicht gerecht und kann Nacherfüllungsansprüche begründen. Mit Zunahme übertriebener und unnötig wiederholter Warnungen verringert sich zudem die Aufnahmeleistung des Lesers. Auf Dauer unterliegt er einem Abstumpfungsprozess durch Gewöhnung an Gefahren.

DIN EN 82079-1, Abschnitt 6.1.10 „Aufmerksamkeit des Lesers erhalten“:

„Übertriebene Warnungen oder zu häufige Verwendung von Warnungen sind nicht hilfreich, um die Aufmerksamkeit des Lesers zu erhalten.“

Eine Reaktion auf eine Warnung wird durch die Glaubwürdigkeit der Schutzwirkung beeinflusst. Ein bekanntes Phänomen. So bezeichnet der Begriff „Crying Wolf“[1] oder „cry-wolf-syndrom“ die zunehmende Ignoranz z. B. von Flieger- und Feueralarmen, die sich aufgrund vorausgehender Fehl- oder Übungs-Alarme entwickelt hat. Die Schutzwirkung von Warnungen in der Gebrauchsanleitung verflüchtigt sich, wenn der Anwender nur noch das klägliche Bemühen des Herstellers sieht, sich mit einer Flut an Warnungen gegen alles Erdenkliche abzusichern.

Wirklich erforderliche Sicherheitsinformationen resultieren aus einem systematischen Analyse- und Bewertungsprozess und es bedarf konzeptioneller Vorüberlegungen, wie sie die Zielgruppe sicher, rechtzeitig und glaubhaft erreichen.

DIN EN 82079-1 bietet an vielen Stellen Unterstützung. Damit dem Leser des Kommentars eine strukturierte Erfassung leichter fällt, fiel die Entscheidung auf eine Beschreibung des Entstehungsprozesses von Sicherheits- und Warnhinweisen, bei der sich die Forderungen der DIN EN 82079-1 in den einzelnen Prozessschritten wiederfinden.

7.1 Produkt und Gebrauchsanleitung im Kontext

Die direkte Beziehung von Produkt- und Gebrauchsanleitungsqualität erfordert eine ganzheitliche Betrachtung. Eine Gebrauchsanleitung kann nur so gut sein, wie es die Benutzerschnittstelle eines Produkts bzw. das Produkt zulässt. Ein Beispiel:

Ändert sich in der Menüstruktur, z. B. einer Steuerungssoftware, immer wieder die Bedienlogik (unlogischer, nicht erwartungskonformer Aufbau) und Symbole/Begriffe werden mehrdeutig eingesetzt, fällt es dem Anwender ungleich schwerer, ein Bedienmodell zu verinnerlichen. Nach dem ersten Erfolgserlebnis scheitert der Anwender beim Versuch, sein gerade erlerntes Wissen auf andere Funktionen zu übertragen und ist jedes Mal gezwungen, Schritt für Schritt nach der Anleitung vorzugehen.

---

[1] Breznitz, S. (1984). Cry wolf: The psychology of false alarms. Hillsdale, N. J.: Lawrence Erlbaum Associates.

Unter diesen Bedingungen wird nicht nur die Frustrationstoleranz des Anwenders beansprucht, auch der Umfang der Gebrauchsanleitung wird auf ein Vielfaches aufgebläht.

Eine ergonomisch aufgebaute und intuitiv zu bedienende Anwendung ist die Voraussetzung für eine schlanke und logisch aufgebaute Gebrauchsanleitung. Dass hier sicherheitsrelevante Aussagen wesentlich besser erfassbar und einprägsamer sind, liegt auf der Hand.

Gebrauchsanleitungen können nur bedingt über Produktschwächen hinweghelfen. Dabei bedarf es oftmals nur relativ geringer Kraftanstrengungen, Anwendungshürden zu ebnen, z. B. einer logischen Anordnung/Gruppierung, Beschriftung von Stell- und Bedienelementen zur Verringerung der Verwechselungsgefahr.

Zielgruppe 7.2

Bevor Warnungen gegeben werden können, stellt sich die Frage, wer, wie und wovor gewarnt werden soll (DIN EN 82079-1, Abschnitt 4.4 „Zielgruppe“). Das „wer“ bildet zunächst die Grundlage weiterer Betrachtungen. Aus den vorausgesetzten Kenntnissen, Erfahrungen und Fertigkeiten leitet sich das Selbstschutzvermögen der Zielgruppe und damit auch der Detaillierungsgrad sicherheitsrelevanter Informationen ab. So sind Fachleute im Umgang mit Fachbegriffen und grafischen Symbolen, z. B. Sicherheitszeichen, geschult, können daher typische Produktgefahren einschätzen und benötigen weniger detaillierte Warnhinweise als Laien. (Siehe auch DIN EN 82079-1, Abschnitt 4.8.2 „Berücksichtigung der Bedarfe von Zielgruppen“ und Abschnitt 4.8.3 „Sprachen“).

Gleichzeitig birgt diese Erkenntnis die Gefahr, Qualifikationen des Anwenders und sein Selbstschutzvermögen zu hoch einzuschätzen. Ein häufig anzutreffendes Problem im gewerblichen Umfeld ist insbesondere hierzulande die Zugrundelegung einer Berufsausbildung mit mehrjähriger Berufserfahrung, die eher im Bereich der Wunschvorstellung angesiedelt ist.

DIN EN 82079-1 fordert im Abschnitt 4.4 „Zielgruppe“:

„Falls sich Gebrauchsanleitungen an mehr als eine Zielgruppe richten (z. B. Verbraucher und Personen, die für die Installation, die Reparatur oder bestimmte Arten von Instandhaltungen verantwortlich sind), müssen diese deutlich getrennt und entsprechend gekennzeichnet werden. Die Zielgruppen müssen am Anfang der Gebrauchsanleitung angegeben werden.“

Hierbei können viele nicht der Verlockung widerstehen, den „Superfachmann“ als Anwender zu fordern:

Zielgruppe dieser Anleitung sind Fachkräfte (Fachmänner), die auf Grund ihrer fachlichen Ausbildung, Kenntnisse und Erfahrungen sowie Kenntnis der einschlägigen Bestimmungen die ihr übertragenen Arbeiten beurteilen und mögliche Gefahren erkennen können. Zur Beurteilung der fachlichen Ausbildung kann auch eine Tätigkeit auf dem betreffenden Arbeitsgebiet herangezogen werden ...

Bild 7: Zielgruppendefinition in Anlehnung an DIN 31000 (Ausgabe 2011-05)

Diese oder ähnliche Formulierungen sind komfortabel und zustimmungskompatibel, was sich vor allem darin begründet, dass jeder seine Vorstellungen hineininterpretieren kann. Allerdings ist es immer kritisch zu sehen, wenn Formulierungen mehr Fragen aufwerfen als beantworten:

- Welche Ausbildung (z.B. Mechatroniker, Zerspanungstechniker, Bäcker) gibt es diese überhaupt im Zielland?
- Welche Kenntnisse (über Vergleichsprodukte, Produkte des Herstellers oder Sprachkenntnisse)?
- Welche Erfahrungen, wie viele Jahre in welcher Branche?
- Welche einschlägigen Bestimmungen? Der Hersteller ist doch anscheinend selber nicht in der Lage, diese anzugeben.
- Welche Arbeiten (Transport, Bedienung, Einstellung, Wartung, Instandsetzung)?
- Mögliche Gefahren auch noch erkennen. Ist dann eine Gebrauchsanleitung überhaupt noch notwendig?
- Wie beurteilen? Wer beurteilt? Die Fachkraft selbst?
- Welches Arbeitsgebiet?

Vielfach offenbart die Produktbeobachtung ein realistischeres Bild des Anwenders, an dem die Beschreibungen auszurichten sind.

Die Angabe von Ausbildungsberufen, z.B. Energieanlagenelektroniker, Schulungen einzelner Mitarbeiter durch den Hersteller, die anschließend als Multiplikatoren das Wissen weitergeben sollen, scheinen das Problem auf den ersten Blick zu lösen, werfen aber weitere Fragen auf:

- Gibt es genug Facharbeiter mit dieser Berufsausbildung?
- Wird der Ausbildungsberuf bis zum Produktlebensende angeboten?
- Das Produkt darf ohne Beschränkungen in der EU vertrieben werden. Gibt es den Ausbildungsberuf auch in allen Ländern der EU mit äquivalenten Inhalten?

- Diskriminiert die Forderung von Ausbildungsberufen Facharbeiter aus anderen Ländern der EU?

Mitarbeiter zu schulen, die ihr Wissen weitergeben, hat sich als zusätzliche Maßnahme durchaus bewährt. Die Qualität hängt jedoch stark vom Einzelfall ab und es ist nicht davon auszugehen, dass Informationen, die von Person zu Person mehrfach weitergegeben wurden, am Produktlebensende wiederzuerkennen sind.

Eine Möglichkeit, die geforderten Kenntnisse der Zielgruppe für verschiedene Tätigkeiten „greifbar" zu machen, stellt die folgende Tabelle dar:

Tätigkeiten	Person	Kenntnisse
Auslegung, Betriebsänderungen	Planer	Brandschutzanforderungen für Gebäude. Beurteilung von Anwendungsfällen der Abwassertechnik, Auslegung von Entwässerungssystemen
Einbau	Fachkräfte	Durchführung von Kernbohrungen, Installation von Abwasserleitungen
Betrieb	Endanwender	Betriebsüberwachung, Maßnahmen bei Abwesenheit, Überflutung ...

Bild 8: Beispiel für eine Zielgruppendefinition

Bei Endanwendern im nicht gewerblichen Umfeld zeigen sich weitere Anspruchsebenen: Laien, Hobbybastler und Profis können sehr unterschiedliche Erwartungen an Gebrauchsanleitungen haben. Informationen, die dem Laien einen Zugang zum Produkt ermöglichen, lösen bei einem Profi möglicherweise die Einstellung aus „Ich bin ein Profi und habe keine Lust, mich auf das Niveau von Laien einzustellen". Ähnliche Konfliktsituationen entstehen, wenn beispielsweise eine Anrede in der Duz-Form als respektlos empfunden wird.
(Anmerkung des Autors: Ein treffendes Beispiel ist die Radio-Werbung „Seitenbacher-Müsli", dessen ausgeprägter Dialekt, Intonierung und lehrmeisterliche Stilistik viele Hörer polarisieren.)

Die Gebrauchsanleitung muss sich im Zweifelsfall an der schwächsten Benutzergruppe orientieren. Die Herausforderung besteht darin, allen Anspruchsebenen gerecht zu werden. In einigen Anwendungsprogrammen lässt sich ein Expertenmodus mit erweiterten Funktionsumfängen einstellen. Analog hierzu kann die Gebrauchsanleitung spezielle Kapitel für Profis ausweisen. Bei neuen Versionen von Anwenderprogrammen bietet sich ein zusätzliches Kapitel „Schnelleinstieg" an, das nur die Änderungen/Erweiterungen zur Vorgängerversion aufführt.

> „Ein Warenhersteller hat Inhalt und Umfang seiner Instruktionen über die Verwendung seines Produktes nach der am wenigsten informierten und damit nach der gefährdetsten Benutzergruppe auszurichten."

Bild 9: Auszug BGH, VI ZR 41/93, 11.1.1994

> „Sofern das Produkt nicht ausdrücklich für eine besondere Verwendergruppe vorgesehen ist (z. B. für Kinder oder für Personen mit Behinderung oder für Fachkräfte), kann der Hersteller von einem „durchschnittlich informierten, aufmerksamen und verständigen Verwender" ausgehen (siehe auch Urteil des EuGH C-210/96). Maßstab ist nicht der „dümmste anzunehmende Verwender".

Bild 10: Auszug LASI Veröffentlichung – LV 46 „Leitlinien zum Produktsicherheitsgesetz (ProdSG)", 3. überarbeitete Auflage

Die Betonung liegt dabei auf „Gruppen", hierzu gehören beispielsweise „Schwangere", „Senioren", die bei der Benutzung eines Heimtrainers ein in der Gebrauchsanleitung empfohlenes Standardprogramm nicht ohne ärztliche Voruntersuchung absolvieren sollten. Oder Kinder, die nur unter Aufsicht in der Lage sind, ein Produkt sicher zu nutzen. Gemeint ist also nicht der gern zitierte „dümmste anzunehmende Verwender", umgangssprachlich auch als DAU bezeichnet (dümmster anzunehmender User).

7.3 Risikobeurteilung

7.3.1 Bedeutung der Risikobeurteilung

Einige europäische Richtlinien fordern explizit Risikobeurteilungen als Grundlage für die CE-Kennzeichnung von Produkten. Dabei sind Risikobeurteilungen grundsätzlich das einzige probate Mittel für den Nachweis der Sorgfaltspflichten und entkräften im Zweifelsfall den Vorwurf einer fahrlässigen Handlung.

> „Gesetze oder Rechtsverordnungen, bzw. darin in Bezug genommene technische Regeln, konkretisieren, sobald sie Bestimmungen über die Kennzeichnung gefährlicher Produkte oder über erforderliche Warnhinweise oder Sicherheitsratschläge enthalten, die Sorgfaltspflicht des Herstellers; doch enthalten sie im Allgemeinen kein abschließendes Verhaltensprogramm gegenüber den Schutzgütern, sondern sind gelegentlich noch ergänzungsbedürftig."

Bild 11: Auszug BGH, VI ZR 187/85, 07.10.1986

Die alleinige Beachtung produktspezifischer Normen (C-Normen) und die damit verbundene Übernahme vorgegebener Produktwarnungen verführen zu einem trügerischen Gefühl von Sicherheit. Der Hersteller bleibt immer in der Verantwortung, sich zu vergewissern und ggf. Warnungen zu ergänzen.

DIN EN 82079-1 fordert als logische Konsequenz im Abschnitt 4.3 „Minderung von Risiken" die Durchführung einer Risikobeurteilung, u. a. zur Ermittlung von Restrisiken, vor denen instruktiv gewarnt werden muss, z. B. in der Gebrauchsanleitung, mit Sicherheitszeichen auf Verpackung und Produkt:

- *Die Risikobeurteilung der Nutzung, z. B. die Analyse des Prozesses von der Risikoanalyse bis zur Risikoauswertung, muss vom Anbieter nach ISO 12100 und/oder IEC 60204-1 durchgeführt werden, falls anwendbar.*
- *Das Restrisiko als Ergebnis der Risikobeurteilung muss in den Gebrauchsanleitungen berücksichtigt werden als sicherheitsbezogene Information in Übereinstimmung mit ISO/IEC Guide 51 sowie allen relevanten Normen für sicherheitsbezogene Informationen.*
- *Vernünftigerweise vorhersehbare Fehlanwendungen und Risiken, die durch die Nutzung des Produkts entstehen können, müssen behandelt werden.*

Eine Risikobeurteilung ist und bleibt unumgänglich – für jeden Hersteller.

Durchführung der Risikobeurteilung 7.3.2

Für die Risikobeurteilung bieten sich verschiedene Modelle mit unterschiedlichen Betrachtungsweisen bzw. die Kombination mehrerer Modelle an. So kann die Auswirkung eines Bauteilversagens oder einer Funktionsstörung im Fokus stehen (induktives Verfahren) und/oder ein Schadensereignis als Ausgangspunkt gewählt werden (deduktives Verfahren).

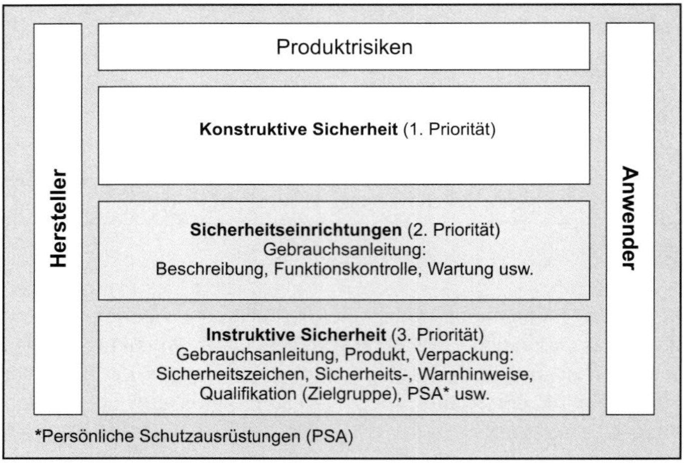

Bild 12: Hierarchie der Gefahrenbeseitigung

Risikobeurteilungen können in den einzelnen Phasen der Produktentwicklung unter verschiedenen Gesichtspunkten durchgeführt werden.

Beispielsweise:

- im Vorfeld der Entwicklung (Produktidee),
- als Grundlage für die Entwicklung und Konstruktion,
- als Grundlage für die Sicherheit- und Warnhinweise, unter Berücksichtigung von Fehlanwendungen.

Bild 12 stellt die Hierarchie der Gefahrenbeseitigung dar und zeigt auch die jeweilige Relevanz der Gebrauchsanleitung (TD), z. B. bei der Wartung und Überprüfung von Sicherheitseinrichtungen.

Der Ersteller von Anleitungen sollte bei der Risikobeurteilung mitwirken, um die Sicht des Anwenders zu vertreten und anderen Beteiligten die Grenzen der Instruktion aufzuzeigen.

DIN EN 82079-1, Anhang D.3, d):
Besonders in Bezug auf die Sicherheit sollte der Entwickler der Gebrauchsanleitung in die Risikobeurteilung einbezogen werden, um die Grenzen der Gebrauchsanleitung deutlich zu machen, den Bedarf an gestalterischer Sicherheit auszuarbeiten und um ein optimales Zusammenspiel konstruktiver Mittel zu erhalten, z. B. inhärente Sicherheit, Sicherheitsvorrichtungen, Sicherheitseinrichtungen, Gestaltung der Schnittstelle Nutzer–Produkt und Informationen wie Warnhinweise, Sicherheitshinweise, Ausbildung, Verpackung.

• (Herstellung)	• Betrieb
• Transport	• Wartung, Reinigung
• Lagerung, Zwischenlagerung	• Fehlersuche
• Zusammenbau und Installation	• Instandhaltung
• (Erst-)Inbetriebnahme, Wiederinbetriebnahme	• (Instandsetzung)
• Verwendung	• Außerbetriebnahme, Demontage, Entsorgung
• Einrichten, Umrüsten	

Bild 13: Produktlebensphasen gemäß DIN EN ISO 12100:2011

Für die Sicherheit beim Transport, Zusammenbau (Montage), Betrieb etc. sind die Anwendungsrisiken für die jeweilige Zielgruppe im Produktlebenszyklus zu analysieren und zu bewerten, zumal häufig auch die Struktur der Gebrauchsanleitung dem Lebenszyklus folgt.

Im nächsten Schritt sind rechtliche und normative Anforderungen der jeweiligen Zielmärkte, Erkenntnisse aus der Produktbeobachtung und Unfalluntersuchungen sowie Informationen aus weiteren verfügbaren Quellen, z. B. auch Rückrufe von ähnlichen Produkten, zu recherchieren.

DIN EN 82079-1, Anhang D.3, d):
Alle verfügbaren Quellen von Rückmeldungen der Nutzer sollten auf Anzeichen von Mängeln in Gebrauchsanleitungen von früheren ähnlichen Produkten durchsucht werden, z. B. Kundenbeschwerden, Kundendienstberichte, Analysen der Ursachen von Unfällen und Verletzungen und Überprüfung von Produkten aus dem Internet.

Nach der Analyse von Bewertung und Beseitigung von Gefahren gilt es nun, den Anwender vor Restrisiken zu warnen. Zur Unterscheidung der Risikostufen sieht DIN EN 82079-1 eine Klassifizierung mit Signalwörtern vor.

Risikoklassifizierung mit Signalwörtern 7.3.3

Bei der Risikoklassifizierung referenziert die DIN EN 82079-1 im Abschnitt 6.8.6 auf die DIN ISO 3864-2 und definiert die Signalwörter gleichermaßen. Die Risikoklassifizierung ist zudem identisch mit den Definitionen des US-Standards ANSI Z535.6[2], wobei der US-Standard auch Signalwörter für Sachschäden und für sicherheitsrelevante Abläufe bereitstellt[3].

---

2 American National Standard for Product Safety Information in Product Manuals, Instructions, and Other Collateral Materials.

3 ANSI Z535.6 überarbeitet, Fachzeitschrift „technische kommunikation", 34. Jahrgang, Heft 2/2012, Seite 44.

Signalwörter der DIN EN 82079-1:

Gefahr: *Das Signalwort bezeichnet eine Gefährdung mit einem hohen Risikograd, die, wenn sie nicht vermieden wird, den Tod oder eine schwere Verletzung zur Folge hat.*

Warnung: *Das Signalwort bezeichnet eine Gefährdung mit einem mittleren Risikograd, die, wenn sie nicht vermieden wird, den Tod oder eine schwere Verletzung zur Folge haben kann.*

Vorsicht: *Das Signalwort bezeichnet eine Gefährdung mit einem niedrigen Risikograd, die, wenn sie nicht vermieden wird, eine geringfügige oder mäßige Verletzung zur Folge haben kann.*

Die Bestimmung der Signalwörter ist Bestandteil der Risikobeurteilung und sollte keinesfalls dem Ersteller von Anleitungen überlassen sein.

Dabei fällt auf, dass das Signalwort GEFAHR von zwei Eintrittswahrscheinlichkeiten bestimmt wird und extremen Gefährdungsereignissen vorbehalten ist. So werden in der Praxis häufiger die Signalwörter VORSICHT und WARNUNG zum Einsatz kommen, die sich durch die Schwere des Verletzungsgrads differenzieren. Das hauptsächliche Unterscheidungsmerkmal besteht darin, dass leichte Verletzungen (VORSICHT) reversibel und schwere Verletzungen (WARNUNG) irreversibel sind und möglicherweise auch zum Tod führen können.

Bild 14 bietet eine Orientierung bei der Bestimmung des Verletzungsgrads.

Die Abgrenzung leichter (mäßiger) von schweren Verletzungen ist nicht immer eindeutig, ist aber relativ unproblematisch. In Zweifelsfällen ist das Signalwort WARNUNG zu wählen. In der Definition des Signalworts WARNUNG heißt es aber auch „kann zu schweren Verletzungen führen“.

DIN EN 82079-1 thematisiert keine Sachschäden und überlässt es dem Hersteller, in geeigneter Form davor zu warnen. Die bereits definierten Signalwörter sind ausschließlich Personenschäden vorbehalten. Der Autor empfiehlt, vorbehaltlich zukünftiger normativer Regelungen, für den deutschen Sprachraum „ACHTUNG“ zur Warnung vor Sach- und Umweltschäden als viertes Signalwort aufzunehmen.

Mit Hilfe eines Flussdiagramms lassen sich die zu verwendenden Signalworte leicht ermitteln (Bild 15).

Leicht	Schwer	Sehr schwer
Weniger als 2 % körperliche Beeinträchtigung Für gewöhnlich reversibel und bedingt keine Behandlung im Krankenhaus.	**2–15 % körperliche Beeinträchtigung Für gewöhnlich irreversibel und bedingt Behandlung im Krankenhaus.**	**Mehr als 15 % körperliche Beeinträchtigung Irreversibel und bedingt Behandlung im Krankenhaus.**
		Tod
Geringfügige Schnittverletzungen	Schwere Schnittverletzungen	Schwere Verletzungen innerer Organe
Geringfügigste Brüche	Schwere Brüche, Verlust von Fingern oder Zehen	Verlust von Gliedmaßen
	Beeinträchtigung des Sehvermögens	Verlust des Sehvermögens
	Beeinträchtigung des Hörvermögens	Verlust des Hörvermögens
Geringe Verbrennungen	Mittlere Verbrennungen	Schwere Verbrennungen (mehr als 25 %)
Verstauchungen	Mittlere Behinderung	Schwere bleibende Behinderung
		Schwere geistige Beeinträchtigung oder längeres Koma

Bild 14: Auszug aus GPSD Corrective Action Guide (2004), ein europäischer Leitfaden für Korrekturmaßnahmen einschließlich Rückrufen, den mehrere europäische Organisationen gemeinschaftlich herausgegeben haben.

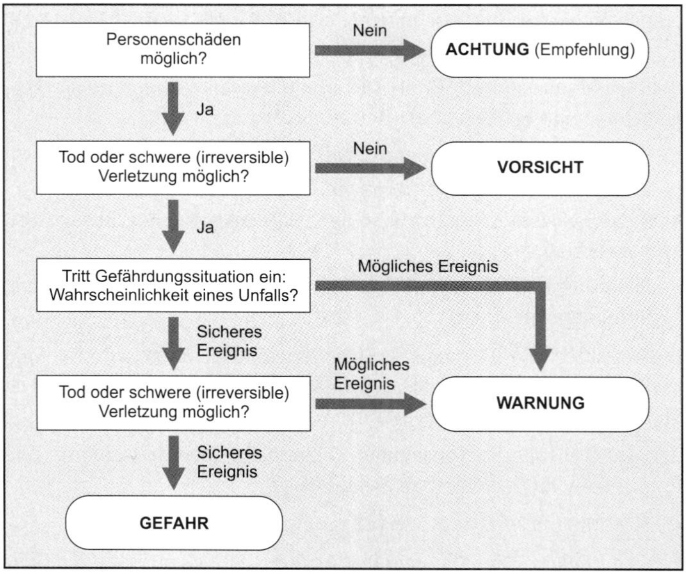

Bild 15: Bestimmung der Signalwörter

7.4 Umsetzung

7.4.1 Unterscheidung von Sicherheits- und Warnhinweisen

Im allgemeinen Sprachgebrauch häufig in einem Atemzug genannt, differenziert DIN EN 82079-1 nun sinnvollerweise zwischen Sicherheits- und Warnhinweisen.

Abschnitt 5.5.2 Sicherheitshinweise

Sicherheitshinweise müssen sinnvoll aufgebaut und dargestellt werden. Sie müssen am Anfang der Gebrauchsanleitung in einem gesonderten Abschnitt oder Teil angegeben werden. Dieser Abschnitt oder Teil muss eindeutig identifizierbar sein und muss eine Überschrift haben, die die Bedeutung der Inhalte herausstellt. Sicherheitshinweise müssen mindestens Hinweise für die sichere Anwendung von Produkten geben, mögliche Gefährdungen nennen, Hinweise geben, wie die Gefährdungen zu vermeiden sind, sowie die möglichen Konsequenzen nennen, wenn die Gefährdungen nicht vermieden werden.

Gerade Sicherheitshinweise sollen zum Lesen verführen, dabei ist die primäre Motivation eher gering:

- es besteht keine unmittelbare Schadensabwehr,
- der Leser kommt nicht zum Handeln, ein Erfolgserlebnis ist nicht in Sicht.

Der Anwender ist wenig geneigt, Sicherheitsinformationen zu lesen. „Unfälle passieren nur den anderen, also sollen die sie doch lesen." Ein Standpunkt, dessen Auswirkungen jeder kennt, aber kaum einer beherzigt.

Die einleitende Überschrift für Sicherheitshinweise könnte dem entgegenwirken und ein Gefühl der Betroffenheit vermitteln:

- Zu Ihrer Sicherheit (Anwender wird direkt angesprochen, ist direkt betroffen)
- Sicherheit und Schutzmaßnahmen (Hilfe zum eigenen Schutz wird angeboten)
- Sicherheit und Verantwortung (sozialer Appell an die Verantwortung für andere Personen)

Überschriften wie „Allgemeine Sicherheitshinweise" halten eher vom Lesen ab, da sie vermuten lassen, dass der Inhalt allgemein bekannt ist und der Leser nichts Neues erfährt.

Bei weiteren abschnittbezogenen Sicherheitshinweisen könnte eine Unterteilung folgendermaßen aussehen:

- Sicherheit bei Transport und Lagerung
- Sicherheit bei Montage und Installation

- Sicherheit bei Bedienung und Betrieb
- Sicherheit bei Wartung und Reparatur
- ...

Inhalt von Sicherheitshinweisen

Erforderliche Sicherheitshinweise leiten sich aus der Risikobeurteilung ab. Die nachfolgend aufgeführten Sicherheitshinweise sollen zum Verständnis der Art und Weise, wie man sie aufbauen kann, beitragen.

Beispiele Sicherheitshinweise:

- Bedeutung der Anleitung für eine sichere Anwendung.
  Abschnitt 5.7 „Wichtigkeit der Aufbewahrung von Gebrauchsanleitungen“:

  WICHTIG
  VOR GEBRAUCH SORGFÄLTIG LESEN
  AUFBEWAHREN FÜR SPÄTERES NACHSCHLAGEN

  Zu der angeführten Standardformulierung ist anzumerken:
  - Sätze in Großbuchstaben sind auffällig, aber nicht lesefreundlich.
  - Die Bedeutung der Anleitung für eine sichere Anwendung vermittelt die Aussage unzureichend.
  - „WICHTIG“ könnte als ein weiteres Signalwort verstanden werden.

  Alternativ bietet sich folgende Formulierung in Kombination mit dem allgemeinen Gefahrendreieck an, insbesondere wenn Gefahren für Personen bestehen.

  „Für eine sichere und sachgerechte Anwendung, Gebrauchsanleitung und weitere produktbegleitende Unterlagen sorgfältig lesen und für spätere Verwendungen aufbewahren.“
- Bestimmungsgemäße Verwendung, Leistungsgrenzen, vorhersehbare Fehlanwendung, zugelassene Umbauten/Veränderungen
- Qualifikation von Personen, ggf. für unterschiedliche Tätigkeiten
- Ausschluss von Personen, z.B. Träger von Herzschrittmachern, zu junge Personen, Kontraindikatoren bei der Anwendung von Medizinprodukten
- Vorgabe von Schutzausrüstungen (PSA), ggf. für unterschiedliche Tätigkeiten
- Definition der Signalwörter
- Grundsätzliches Gefährdungspotenzial
- Fehleranzeigen und Signale, z.B. Alarme, von Warneinrichtungen (Abschnitt 5.9.4)

- Verantwortung des Betreibers, z. B. Unterweisung nach Anleitung, Kontrolle der Vollständigkeit/Lesbarkeit/Verfügbarkeit der Anleitung

Bei größeren Dokumentationsumfängen, z. B. bei Industrieanlagen, können weitere Unterteilungen nach Baugruppen, Anlagenteilen und (Teil-)Systemen sinnvoll sein und nach grundsätzlichen Gefährdungen gegliedert werden:

- Elektrische Gefährdungen
- Mechanische Gefährdungen
- Heiße Oberflächen
- Substanzgefährdungen
- ...

Abschnitt 5.5.4 Sicherheitsbezogene Informationen für Industrieanlagen

Sicherheitsbezogene Informationen müssen mit jeder Komponente zur Verfügung gestellt werden. Wenn eine Baugruppe aus Komponenten möglicherweise zusätzliche Gefährdungen verursacht, muss die sicherheitsbezogene Information nur auf der entsprechenden Ebene der Baugruppe bereitgestellt werden. Bei der Integration von Komponenten in höhere Baugruppen sollten sicherheitsrelevante Informationen nur auf der Aggregationsebene bereitgestellt werden, auf der sie auftreten.

Dokumentationen für Industrieanlagen bestehen i. d. R. überwiegend aus Zulieferanleitungen.

Eine weitere Herausforderung ist die Integration von Zulieferanleitungen, die nicht DIN EN 82079-1 entsprechen. Hat der Zulieferer beispielsweise andere Signalwörter eingesetzt, oder die Signalwörter nach DIN EN 82079-1 anders definiert, sind Maßnahmen erforderlich, die von der Abgrenzung des Anwendungsbereichs festgelegter Definitionen bis hin zur redaktionellen Überarbeitung der Zulieferanleitungen führen können. An letzteren Punkt schließen sich wiederum Klärungen zum Urheber- und Nutzungsrecht an und insgesamt zeigt sich, dass die DIN EN 82079-1 unzureichend auf diesen Themenkomplex eingeht. So bleibt an dieser Stelle nur die Empfehlung, frühzeitig Vereinbarungen mit dem Zulieferer zu treffen und Wareneingangskontrollen verbunden mit Rückweisungen und Nachforderungen von Zulieferdokumentationen durchzuführen.

Aufgrund der Kombinations- und Untergliederungsmöglichkeiten wird kein Patentrezept den Anforderungen gerecht. Hier ist der Ersteller gefordert, ein schlüssiges Konzept zu entwickeln und Regelungen, z. B. in einem Redaktionsleitfaden festzuhalten.

Im Gegensatz zu Sicherheitshinweisen dienen Warnhinweise der unmittelbaren Gefahrenabwehr und sind daher rechtzeitig in Handlungsstränge zu integrieren, i.d.R. direkt vor einem Handlungsschritt mit Gefährdungspotenzial.

Abschnitt 5.5.3 Warnhinweise

Warnhinweise müssen in dem Zusammenhang genannt werden, in dem eine Gefahr auftreten kann, auf die sich die Warnhinweise beziehen. Sie müssen mögliche Gefährdungen nennen und die möglichen Konsequenzen, wenn die Gefährdungen nicht vermieden werden. Warnhinweise müssen prägnant sein. Sie dürfen keine vollständigen Vorgänge enthalten, sondern müssen die Vorgänge, die an anderer Stelle in den Gebrauchsanleitungen beschrieben sind, ergänzen. Informationen darüber, wie man die Gefährdungen vermeidet, müssen enthalten sein. Wenn jedoch den beabsichtigten Zielgruppen die Information zur Vermeidung der Gefahr vollständig bekannt ist, darf diese Information im Warnhinweis selbst ausgelassen werden.

7.4.2 Warnungen rechtzeitig geben

Warnungen sind aus rechtlicher Sicht nur belastbar, wenn sie den Anwender auch in die Lage versetzen, sich zu schützen und nicht den Unfall im Nachhinein erklären. Eine Warnung vor unsachgemäßem Transport, z.B. Kippgefahr aufgrund eines hohen Schwerpunkts, ist wirkungslos, wenn sich die Gebrauchsanleitung in der Verpackung befindet oder erst nachträglich übergeben wird.

Zu den häufigsten Nachlässigkeiten zählen:

- Warnungen sind missverständlich.
- Warnungen sind nicht an der Stelle, wo sie erwartet bzw. benötigt werden.
- Warnungen erreichen den Anwender nicht rechtzeitig.

Empfehlungen:

- Erfolgt der Transport durch eine Spedition, sollten Sicherheitsinformationen zu Transport und Lagerung mit der Beauftragung übergeben bzw. als vertraglicher Bestandteil festgelegt werden.
- Stellt die hohe Induktivität eines Gerätes, z.B. Induktionskochplatte, industrielle Presse, eine Gefahr für Träger von Herzschrittmachern dar, ist ein dauerhaftes Sicherheitszeichen auf dem Gerät angebracht, das permanent an die Gefahr erinnert und das Sicherheitsbewusstsein dauerhaft prägt.
- Ist die Kenntnis von Sicherheitsvorschriften (Sicherheitshandbuch) für eine Anlagenbegehung erforderlich, kann es sinnvoll sein, diese vorab zu versenden und sich die Kenntnisnahme schriftlich bestätigen zu lassen.

7.4.3 Warnungen strukturieren

Der Mensch lernt nur aus Not oder aus Überzeugung.
(Johann Heinrich Pestalozzi)

Wie bereits geschildert, ist die Motivation, Sicherheitsinformationen zu lesen, geringer als bei Handlungsabläufen, die ein Erfolgserlebnis in Aussicht stellen. Nach der Auflistung von (Abhilfe-)Maßnahmen, die Konsequenz der Nicht-Befolgung zu nennen, folgt nicht dem Motivationsprinzip. Es ist verständlich, dass ein Leser erst den Grund erfahren möchte, einen Abschnitt zu lesen und erst recht zu befolgen.

Daher erscheint es zweckmäßig, zuerst einen „Leidensdruck" aufzubauen und den Warnhinweis mit der Gefahr und den möglichen Folgen einzuleiten.

DIN EN 82079-1 listet zwar den Inhalt von Warnhinweisen auf, gibt aber nur die Empfehlung, mit dem Signalwort zu beginnen, und überlässt die weitere Strukturierung dem Ersteller.

Abschnitt 6.8.3 Gestaltung und Platzierung von Warnhinweisen:

Bei der Formulierung und Gestaltung von Warnhinweisen muss Folgendes in Erwägung gezogen werden, um eine maximale Wirksamkeit zu erreichen:

- *Beginne mit den Signalwörtern (siehe 6.8.6).*
- *Beschränke den Text und/oder die visuellen Darstellungen auf das Wesentliche.*
- *Mache die Stelle, den Inhalt und den Stil der Warnhinweise auffallend nach 6.2.*
- *Stelle sicher, dass Warnhinweise für den Nutzer und für alle anderen gefährdeten Personen aus ihren Positionen während des Gebrauchs (siehe auch 6.2.5) und zum richtigen Zeitpunkt sichtbar sind.*
- *Erkläre die Quelle der Gefährdung.*
- *Gib deutliche Anleitung, wie eine besondere Gefährdung zu vermeiden ist.*
- *Platziere die von der Risikobeurteilung festgelegten Warnhinweise. Zu häufig wiederholte Warnhinweise können ihre Wirksamkeit vermindern.*
- *Nenne die möglichen Konsequenzen, wenn man die Gefährdung nicht vermeidet, ohne die Konsequenzen herunterzuspielen.*

Eine weitere Anforderung an die Gestaltung ist im Abschnitt 6.8.6 zu finden und bezieht sich auf das allgemeine Gefahrendreieck, welches dem Signalwort vorausgehen soll.

Abschnitt 6.8.6 „Signalwörter“

Das allgemeine Warnzeichen nach ISO 3864-2, bestehend aus einem gleichschenkligen Dreieck, das ein Ausrufungszeichen umschließt und in bestimmten Signalfarben nach ISO 3864 dargestellt ist, sollte den Signalwörtern GEFAHR, WARNUNG und VORSICHT vorangestellt werden.

Neben einer konsistenten Gestaltung und Formulierung sind auch sprachliche Präzision und Einfühlungsvermögen gefordert. Dem Anwender fällt es leichter, positive Botschaften zu verarbeiten. Die Aufforderung „Mach die Tür leise zu“ wird deutlich angenehmer wahrgenommen als „Knall die Tür nicht so laut zu“, weil sie als Unterstützung und nicht als Belehrung empfunden wird. „Den Toaster nicht in Wasser tauchen“ unterstellt eine törichte Handlung. „Innere Teile beim Reinigen trocken halten“ sagt, worauf beim Reinigen zu achten ist. In einigen Fällen kann jedoch auch ein strenger Tonfall sinnvoll sein. So induziert die Befehlsform (Imperativ), dass einer Aufforderung unbedingt zu folgen ist.

Konjunktive und Formulierungen mit „Bitte darauf achten ...“ sind in den meisten Fällen unangebracht, da sie den Verbindlichkeitsgrad herabsetzen.

Siehe auch Abschnitt 6.1.5 „Einfache und kurze Formulierung“.

Warnungen auffällig machen 7.4.4

Sicherheitsinformationen müssen offensichtlich als solche zu erkennen sein und sich von anderen Inhalten abheben sowie abgrenzen. Anforderungen zur Hervorhebung sind in der DIN EN 82079-1 an mehreren Stellen zu finden und die Angaben sind untereinander nicht widerspruchsfrei.

6.8.1 Text auffällig machen

Sicherheitsbezogene Informationen müssen durch die Anwendung größerer und/oder anderer Schrifttypen oder Schriftgrößen (siehe 6.2.1), durch die Anwendung von Farben (siehe 6.9), grafischen Symbolen einschließlich Sicherheitszeichen (siehe 6.4) oder anderen Mitteln hervorgehoben werden, um sie auffällig zu machen.

6.8.3 Gestaltung und Platzierung von Warnhinweisen

Warnhinweise müssen ... auffällig und hervorgehoben gestaltet werden.

6.8.5 Warnhinweise hervorheben

Warnhinweise vor Gefährdungen ... sind entscheidend für die Sicherheit und müssen mindestens genauso auffällig angegeben sein wie andere Instruktionen in Dokumenten, die mit dem Produkt ausgegeben sind.

Mindestens so auffällig wie andere Instruktionen, widerspricht der Forderung nach Hervorhebung. Hervorhebung durch andere Schriftarten und weitere Schriftauszeichnungen kann auch zu einem leseunfreundlichen, unruhigem Erscheinungsbild führen. Wer einmal einen Absatz mit Großbuchstaben, in kursiv, unterstrichen etc. gelesen hat, wird dies bestätigen.

Der Einsatz von Farbe wird u. a. als Mittel der Hervorhebung empfohlen:

6.8.2 Visuelle Darstellungen auffällig machen

Visuelle Darstellungen innerhalb von sicherheitsbezogenen Informationen müssen durch die Anwendung von Farben, Formen, Positionierungen (siehe 6.3) oder anderen Mitteln hervorgehoben werden, um sie auffällig zu machen.

Zusätzliche Anforderungen bei Verwendung von Farben:

- Schwarzer Text auf dunkelgrauem Hintergrund senkt den Kontrast und somit die Lesbarkeit (siehe Abschnitt 6.2.2 „Maximaler Helligkeitskontrast“).
- Jegliche Formen von Farbfehlsichtigkeit sind zu berücksichtigen (siehe Abschnitt 6.9.2 „Überlegungen zur Farbwahrnehmung“).
- Bei Schwarz-Weiß-Fotokopien müssen Farbunterschiede erkennbar sein (siehe Abschnitt 6.9.3 „Überlegungen bei Fotokopien/Druck“).
- Bei der Verwendung von Farben für Warnhinweise sind Verfärbungen und Ausbleichungen im Laufe der Produktlebenszeit zu berücksichtigen (siehe Abschnitt 6.8.4 „Beständigkeit und Sichtbarkeit“).
- Abschnitt 6.9.1 „Konsistenz“ fordert: Die Anwendung von Farben muss konsistent, funktional und systematisch sein. Wenn die Gebrauchsanleitungen Sicherheitszeichen in Farbe enthalten, müssen sie den Anforderungen entsprechen, einschließlich denjenigen in Bezug auf Farben, spezifiziert in der Normenreihe ISO 3864.

Der Spagat zwischen einem aufgeräumten und ruhigen Erscheinungsbild und gleichzeitiger unaufdringlicher Hervorhebung (zu starke Dominanz wertet wiederum andere Informationen zu sehr ab und behindert den Lesefluss) erfordert auch eine gestalterische Qualifikation.

Beispiele für eine angemessene Hervorhebung fehlen in der DIN EN 82079-1. Daher werden für verschiedene Einsatzfälle Gestaltungsvarianten zur Orientierung gegeben, die folgende Aspekte berücksichtigen:

- Platzierung Gefahrendreieck und Signalwort
- Aufbau und Inhalt der Sicherheitsinformationen
- Hervorhebung der Sicherheitsinformationen, z. B. vom Fließtext
- Abgrenzung der Sicherheitsinformationen (Anfang und Ende)

- Darstellung für s/w- und Farbdruck
- Sicherheitsinformationen (Warnhinweis) in einer Handlungssequenz

Die folgenden Gestaltungsvarianten stellen Empfehlungen des Autors dar:

WARNUNG (Signalwort)
Einzugsgefahr am Keilriemen *(Quelle der Gefahr)*
Schwere bis tödliche Quetschungen *(Folgen)*
➔ Vor dem Entfernen der Schutzabdeckung Antriebsmotor vom elektrischen Netz trennen (Abhilfe)

WARNUNG (Signalwort)
Einzugsgefahr am Keilriemen *(Quelle der Gefahr)*
Schwere bis tödliche Quetschungen *(Folgen)*
➔ Vor dem Entfernen der Schutzabdeckung Antriebsmotor vom elektrischen Netz trennen (Abhilfe)

WARNUNG
Einzugsgefahr am Keilriemen
Schwere bis tödliche Quetschungen
➔ Vor dem Entfernen der Schutzabdeckung Antriebsmotor vom elektrischen Netz trennen

---

WARNUNG

Einzugsgefahr am Keilriemen
Schwere bis tödliche Quetschungen
➔ Vor dem Entfernen der Schutzabdeckung Antriebsmotor vom elektrischen Netz trennen

➔ Handlungsschritt

VORSICHT Schnittgefahr durch scharfe Kanten am Gehäuserand *(Folge und Quelle der Gefahr kombiniert)*
➔ Schutzhandschuhe tragen *(Abhilfe)*

➔ Handlungsschritt

WARNUNG

Einzugsgefahr am Keilriemen
Schwere bis tödliche Quetschungen
➔ Vor dem Entfernen der Schutzabdeckung Antriebsmotor vom elektrischen Netz trennen

Anmerkungen: DIN ISO 3864-2 sieht auch eine farbliche Hervorhebung des Hintergrundfeldes vor, z. B. die Farbe „orange“ (RAL 2010) für das Signalwort WARNUNG.

Das eingesetzte Piktogramm ist in Anlehnung an die ANSI Z535-Normenreihe gestaltet und konfrontiert den Betrachter mit dem Unfallhergang, indem es die Quelle und bereits eingetretene Folge der Gefahr bildhaft vor Augen führt.

Bei selbst gestalteten Piktogrammen besteht aufgrund fehlender Erfahrungswerte häufig die Unsicherheit, ob deren Intention auch richtig verstanden wird und das Piktogramm einer rechtlichen Prüfung standhält.

DIN EN 82079-1 führt im Anhang E Möglichkeiten der Qualitätssicherung auf, die sich aber nicht konkret auf Piktogramme beziehen. Wer ein bewährtes Testverfahren speziell für Piktogramme sucht, wird in der ANSI Z535.3 fündig.

7.4.5 Konfliktpotenzial

Auf die DIN EN 82079-1 als „Horizontalnorm“ müssen zukünftige Produktnormen (Typ-C-Normen) Bezug nehmen. Mit der Einführung der DIN EN 82079-1 werden Konflikte zu anderen Richtlinien und Normen vor allem unausweichlich sein, wenn vorgegebene Warnungen zu übernehmen sind, die nicht der DIN EN 82079-1 entsprechen. Das jüngste Beispiel der EG-Spielzeugrichtlinie bietet sich hervorragend an, die Bandbreite der Problematik darzustellen.

Die EG-Spielzeugrichtlinie 2009/48/EG ist durch die zweite Verordnung zum Produktsicherheitsgesetz in nationales Recht umgesetzt und nach Ablauf der Übergangsfrist seit dem 20. Juli 2013 verbindlich anzuwenden, wobei im Zweifelsfall der Originaltext der Richtlinie ausschlaggebend ist.

Im englischen Originaltext (Richtlinie 2009/48/EC) wird im Artikel 11, Absatz 2 „Warnings“ gefordert:

2. The manufacturer shall mark the warnings in a clearly visible, easily legible and understandable and accurate manner on the toy, on an affixed label or on the packaging and, if appropriate, on the instructions for use which accompany the toy. Small toys which are sold without packaging shall have appropriate warnings affixed to them.

The warnings shall be preceded by the words 'Warning' or 'Warnings', as the case may be.

In der deutschen Fassung (Richtlinie 2009/48/EG) wurde Artikel 11, Absatz 2 folgendermaßen übersetzt:

(2) Der Hersteller bringt die Warnhinweise deutlich sichtbar, leicht lesbar, verständlich und in zutreffender Form auf dem Spielzeug, einem fest angebrachten Etikett oder auf der Verpackung an und, falls erforderlich, auf der beigefügten Gebrauchsanweisung. Bei ohne Verpa-

ckung verkauften kleinen Spielzeugen ist der geeignete Warnhinweis direkt am Spielzeug anzubringen.

Die Warnhinweise beginnen mit dem Wort „Achtung".

Bei der Definition der Signalwörter verweist die DIN EN 82079-1 auf die DIN ISO 3864-2. DIN ISO 3864-2 führt in Tabelle B.1 Übersetzungen der Signalwörter GEFAHR, WARNUNG und VORSICHT in 19 Landessprachen auf. Für das englische Signalwort WARNING ist in der deutschen Sprache WARNUNG vorgegeben. Eine Übersetzung, die auch einschlägigen Wörterbüchern entspricht. Wieso der Übersetzer ACHTUNG gewählt hat, bleibt ein Rätsel. Genauso verwundert es, dass „instructions for use" als „Gebrauchsanweisung" übersetzt ist. Der Begriff „Gebrauchsanweisung" ist weder im ProdSG zu finden, noch faktisch richtig oder empfehlenswert und kollidiert mit den Begriffen „Betriebsanweisung", „Arbeitsanweisung", „Weisungsbefugnis", die im deutschen Arbeitsrecht festgelegte Bedeutungen haben. „Instructions for use" wird auch im englischen Originaltext der IEC 82079-1 verwandt und ist in der DIN EN 82079-1 als „Gebrauchsanleitung" definiert.

Eine weitere Forderung im Artikel 11, Absatz 1 der EG-Spielzeugrichtlinie scheint sich auf den ersten Blick darauf zu beschränken, standardisierte Warnhinweise, die im Anhang V aufgeführt sind, im gleichen Wortlaut wiederzugeben:

(1) Wo es für den sicheren Gebrauch angemessen ist, sind in Warnhinweisen für die Zwecke von Artikel 10 Absatz 2 geeignete Benutzereinschränkungen gemäß Anhang V Teil A anzugeben. Für die in Anhang V Teil B aufgeführten Spielzeugkategorien sind die dort wiedergegebenen Warnhinweise zu verwenden. Die in Anhang V Teil B Nummern 2 bis 10 wiedergegebenen Warnhinweise werden mit dem dortigen Wortlaut verwendet.

Ob die Übernahme der Warnhinweise im Anhang V Teil A tatsächlich nur eine reine Abschreibarbeit darstellt, lässt sich anhand des ersten aufgeführten Warnhinweises im Anhang V klären:

Spielzeug, das für Kinder unter 36 Monaten gefährlich sein könnte, muss einen Warnhinweis tragen, beispielsweise: „Nicht für Kinder unter 36 Monaten geeignet." oder „Nicht für Kinder unter drei Jahren geeignet." oder einen Warnhinweis in Form der folgenden Abbildung:

Diese Warnhinweise müssen durch einen kurzen Hinweis — der auch aus der Gebrauchsanweisung hervorgehen kann — auf die besonderen

Gefahren ergänzt werden, die diese Vorsichtsmaßregel erforderlich machen ...

Abgesehen davon, dass es sich gemäß DIN EN 82079-1 um einen Sicherheitshinweis handelt, wird die Forderung, den festgelegten Wortlaut zu übernehmen, mit „beispielsweise“ stark aufgeweicht. Standardisierte Sicherheitszeichen dienen der Wiedererkennung und haben ihre Daseinsberechtigung. Mit der Forderung, Warnhinweise zu konkretisieren und zu begründen, wird auch in diesen Fällen eine Risikobeurteilung (in der EG-Spielzeugrichtlinie als „Sicherheitsbewertung“ bezeichnet) unerlässlich bleiben. Nach den Regeln der DIN EN 82079-1 und DIN ISO 3864-2 könnte (!) der Sicherheitshinweis bzw. das Sicherheitszeichen auf dem Produkt so aussehen:

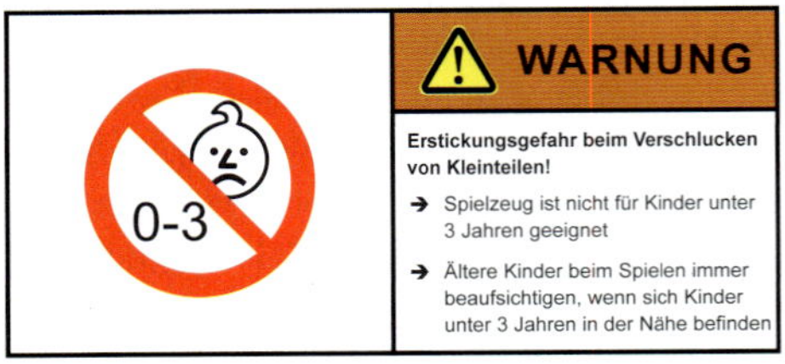

Nicht in allen Fällen lassen sich Konflikte auf diese Weise aus der Welt schaffen. Aber es ist immer einen Versuch wert, die Schutzwirkung standardisierter Warnhinweise mit Hilfe der DIN EN 82079-1 zu optimieren.

7.5 Fazit

DIN EN 82079-1 bietet zwar eine Reihe Hilfestellungen zu rechtskonformen Sicherheits- und Warnhinweisen, macht es dem Leser aber nicht immer leicht, alle Inhalte strukturiert und widerspruchsfrei zu erfassen.

DIN EN 82079-1 ist ein Standard, der beschreibt,

- welche Kommunikationsprinzipien anzuwenden sind,
- welche formellen Inhalte in eine Anleitung gehören,
- wie Sicherheitsinformationen darzustellen und zu vermitteln sind,
- wie Fehler vermieden werden können und eine Qualitätssicherung erfolgen sollte,

aber selbst noch auf dem Weg ist, dem eigenen Anspruch gerecht zu werden.

Deutlich wurde auch, dass die reine Anwendung einer Norm kein Garant für eine sichere Gebrauchsanleitung ist und noch viele Fallstricke in der Praxis lauern:

- Widersprüchliche Aussagen in Gebrauchsanleitungen, Verpackungen, Kataloge, Werbeaussagen etc.
- Fehlerhafte Übersetzungen
- Unzureichende Wareneingangskontrollen von Zulieferanleitungen
- Unberücksichtigte Fehlanwendungen, die im Nachhinein als vorhersehbar bewertet werden
- Vertauschte Dokumente aufgrund einer falschen Versionsnummer bzw. unzureichender Identifikationsmöglichkeit.

Ein fertiges Patentrezept, das vor Instruktionsfehlern und Produkthaftung schützt, somit sämtlichen Bedürfnissen der unterschiedlichen Branchen und Märkte gerecht wird, war nicht zu erwarten. Keine Norm kann Herstellern die Verantwortung abnehmen oder Spezialkenntnisse und -erfahrungen ersetzen. Gleiches trifft auch für den Normenkommentar zu, der sich zum Ziel gesetzt hat, über die eine oder andere Hürde hinwegzusehen und die Umsetzung in die Praxis zu erleichtern. Wer sich auf die Norm einlässt, wird einige Chancen erkennen, die Gebrauchsanleitung ein Stück sicherer zu machen.

Redaktionsprozess und Qualitätssicherung 8

[Stephan Schneider]

Das Thema „Redaktionsprozess und Qualitätssicherung" wird in der DIN EN 82079-1 nicht in einem zusammenhängenden Kapitel beschrieben, sondern ist auf verschiedene Stellen verteilt. Speziell im Kapitel 6.1.11 „Korrekturlesen", im Kapitel 7 „Bewertung der Konformität mit diesem Teil der Normenreihe 82079" und den Anhängen A–D wird das Thema behandelt.

Redaktionsprozess 8.1

Bestandteil der übergeordneten Unternehmensprozesse 8.1.1

Die Prozesse für Technische Dokumentation und Übersetzung müssen als Bestandteile der übergeordneten Unternehmensprozesse betrachtet werden. Daraus lassen sich folgende Vorgaben ableiten:

- Der Verantwortliche für Technische Dokumentation und Übersetzung muss für die Entwicklung seiner Teilprozesse angemessen in die strategische Entwicklung des Unternehmens eingebunden werden.
- Bei der strategischen Entwicklung sollte immer ein ganzheitlicher Ansatz verfolgt werden.

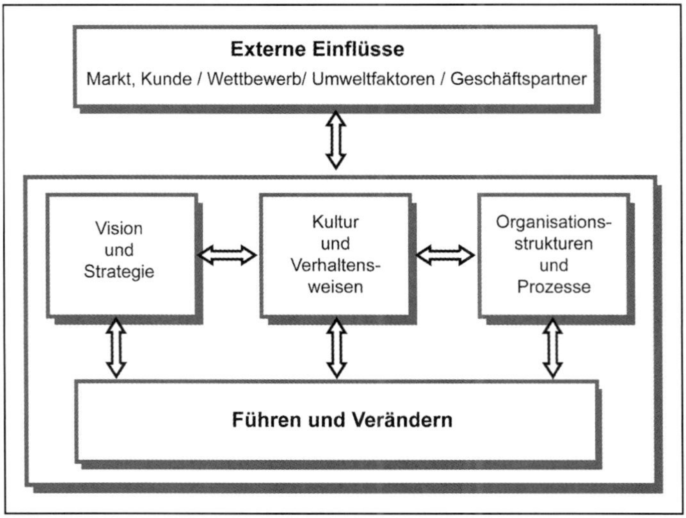

Bild 16: Ganzheitlicher Ansatz für die strategische Entwicklung

- Die Teilprozesse folgen den übergeordneten Unternehmensprozessen und sind an der richtigen Stelle eingebunden.

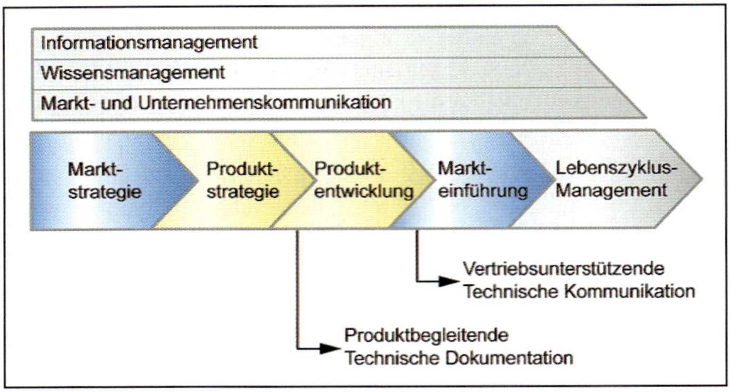

Bild 17: Beispiel für übergeordnete Unternehmensprozesse

- Bei der Prozessentwicklung sollten auch strategische Werkzeuge, beispielsweise SWOT-Analyse[1], verwendet werden.

Externe Sicht (Markt, Wettbewerb)	Interne Sicht (Unternehmen, Produkt): Strength (Stärken)	Interne Sicht (Unternehmen, Produkt): Weaknesses (Schwächen)
Opportunities (Möglichkeiten)	Mit den eigenen Stärken Chancen nutzen. z.B. Kundenbindung erhöhen durch gute Dokumentation.	Eigene Schwächen beseitigen, um Chancen zu nutzen. z.B. Infomationsmanagement verbessern, um Time-to-market zu verkürzen.
Threats (Bedrohungen)	Mit den eigenen Stärken Gefahren abwehren. z.B. durch konsequente Qualitätssicherung Instruktionsmängel vermeiden.	Eigene Schwächen beseitigen, um Gefahren abwehren zu können. z.B. Übersetzungsprozess verbessern, um die Lieferfähigkeit in fremden Märkten nicht zu gefährden.

Bild 18: SWOT-Analyse zur Unterstützung der Prozessentwicklung

Man kann natürlich keinen allgemeingültigen Redaktions- und Übersetzungsprozess beschreiben, der für alle Produkte, Branchen und Ziel-

[1] Die SWOT-Analyse ist ein Instrument der strategischen Planung. Sie dient der Positionsbestimmung und der Strategieentwicklung von Unternehmen und anderen Organisationen und stellt somit eine wichtige Eingangsgröße für die Prozessentwicklung dar.

märkte und für alle Unternehmensgrößen und Unternehmensstrukturen zutreffend ist. Folgerichtig macht die DIN EN 82079-1 auch keinen Vorschlag für einen Redaktions- und Übersetzungsprozess, sondern nennt in einem Leitfaden die wichtigsten Aspekte, die bei der Prozessentwicklung zu berücksichtigen sind. Anhang D der DIN EN 82079-1 enthält diesen Leitfaden für die Planung der Erstellung von Gebrauchsanleitungen. Basis sind typische Verfahren, die bei der Erstellung von Gebrauchsanleitungen angewendet werden sollen, und zwar von der Konzeption bis zur Veröffentlichung. Dabei werden vor allem die Phasen Planung, Entwicklung und Optimierung berücksichtigt.

Verantwortung der Geschäftsleitung 8.1.2

Im Kapitel D.2 „Einschränkungen bei der Planung der Erstellung“ wird ausdrücklich die Verantwortung der Geschäftsleitung für folgende Punkte benannt:

- Ausreichende Ressourcen bereitstellen (eigene Personalressourcen und externe Berater).
- Kompetenzen und Fähigkeiten der beteiligten Personen sicherstellen.
  - Hier wird nochmals eine Auswahl der erforderlichen Fähigkeiten und Erfahrungen für das Erstellen von Gebrauchsanleitungen genannt. Siehe hierzu auch Kap. 4.5 „Kompetenz der beteiligten Personen sicherstellen“.
- Frühe Einbindung in die übergeordneten Unternehmensprozesse gewährleisten (parallel zur Entwicklung der Produktgestaltung und des Marketings).
- Qualitätsziele formulieren.
- Methodische und konzeptionelle Vorgaben machen.
  - Umfang und Inhalt der Gebrauchsanleitung festlegen.
  - In welchen Medien wird die Gebrauchsanleitung bereitgestellt? Die Kommunikationsmittel werden an dieser Stelle nicht erwähnt, müssen jedoch zusammen mit den Medien festgelegt werden.
  - Wann und mit welcher Methode wird die Gebrauchsanleitung geprüft?
  - Falls die Gebrauchsanleitung oder Teile davon auf dem Produkt oder auf der Verpackung platziert werden: Vorgaben für die Gestaltung von Produkt und Verpackung und sicherstellen, dass die Entwicklung der Gebrauchsanleitung parallel und eng verzahnt zur Entwicklung der Produktgestaltung und des Marketings erfolgt.

An dieser Stelle kann der Eindruck entstehen, dass die Geschäftsleitung dafür verantwortlich ist, diese Punkte alle selbst zu bearbeiten und zu entscheiden. Typischerweise ist es jedoch so, dass die Geschäftsleitung im Rahmen der Delegationsverantwortung Personen, meistens Führungskräfte, damit beauftragt, diese Aufgaben wahrzunehmen. Wichtig ist, dass diese Delegation der Verantwortung erfolgt und die entsprechenden Personen ausreichend Befugnisse haben, um ihre Aufgaben im vollen Umfang wahrzunehmen.

8.1.3 Leitfaden für die Entwicklung der Redaktionsprozesse

Im Kapitel D.3 „Planung und Erstellung im Detail (Beispiel)“ werden die notwendigen Schritte und Tätigkeiten genannt, die in einem Redaktionsprozess abgebildet sein müssen. Natürlich je nach Produkt und Unternehmen in verschiedenen Ausprägungen.

Die hier beschriebenen Schritte und Tätigkeiten lassen sich in 3 Gruppen gliedern:

- Strategisch-konzeptionelle Vorgaben; festlegen von redaktionellen Standards.
- Methodische Vorgaben; festlegen der Methoden, mit denen Technische Dokumentation erstellt wird.
- Arbeitsschritte; Umsetzen der redaktionellen Standards mit den festgelegten Methoden in konkreten Prozessschritten.

In der nachfolgenden Tabelle wird beschrieben, welche Themen diese 3 Gruppen beinhalten.

Tabelle 3: Themengruppen für die Prozessentwicklung

Strategisch-konzeptionelle Vorgaben	• Konzept zur Trennung von Inhalt, Struktur und Layout entwickeln • Konzept für Cross Media Publishing entwickeln • Konzept für den Einsatz der Kommunikationsmittel entwickeln • Single-Source-Konzept entwickeln • Medienkonzept entwickeln • Qualitätsziele definieren • Informationsmodell entwickeln und festlegen • Informationsarten beschreiben • Struktur der Gebrauchsanleitungen festlegen • Grafikkonzept erstellen • Layout festlegen und Templates definieren • Corporate Language entwickeln und anwenden, d. h. Terminologiearbeit leisten und Stilregeln entwickeln

Tabelle 3 *(fortgesetzt)*

Methodische Vorgaben	• Methoden des Projektmanagements anwenden, Technischer Redakteur in der Rolle des Projektleiters • Meilensteine vereinbaren, ganz konkret auch den Redaktionsschluss • Strukturierungsmethoden anwenden • Inhalte wiederverwenden und Single-Source-Konzept umsetzen • Redaktionsleitfaden zur Prozesssteuerung verwenden • Checklisten erstellen und anwenden • Qualitätssicherungsmethoden beschreiben und festlegen
Arbeitsschritte	• Risikobeurteilung, sehr früh im Redaktionsprozess • Zielgruppenanalyse, sehr früh im Redaktionsprozess • Recherche Fachabteilungen, idealerweise Kenntnis des Lastenhefts und des Markteinführungskonzepts • Recherche rechtlich/normativer Vorgaben • Inhalte strukturieren und in einem Content Management System medienneutral erfassen und verwalten • Inhalte redaktionell bearbeiten • Qualitätsüberprüfung mit Software-Unterstützung (Rechtschreibung, Grammatik, Terminologie und Stil) • Korrekturumläufe durchführen • Redaktionskonferenzen vereinbaren und durchführen • Korrekturen einarbeiten • Human-Lektorat (als Teil der Qualitätsüberprüfung) • Freigabeumlauf durchführen • In die Zielmedien produzieren • Verteilung der Gebrauchsanleitung sicherstellen (z. B. Aufnahme in die Stückliste) • Sprachwechsel durchführen (eigener Unterprozess, der aus dem Redaktionsprozess heraus gestartet wird) • Gebrauchsanleitung beobachten und Korrekturhinweise sammeln

Die strategisch-konzeptionellen Vorgaben, die methodischen Vorgaben und die Beschreibung der Arbeitsschritte als konkrete Umsetzung des Redaktionsprozesses sollten in einem Redaktionsleitfaden beschrieben sein.

Aus den aufgeführten Arbeitsschritten kann ein Redaktionsprozess entwickelt und beschrieben werden. Außer den konkreten Arbeitsschritten müssen natürlich auch Schnittstellen und Verantwortlichkeiten beschrieben werden. Vereinfacht dargestellt könnte ein solcher Prozess folgendermaßen aussehen:

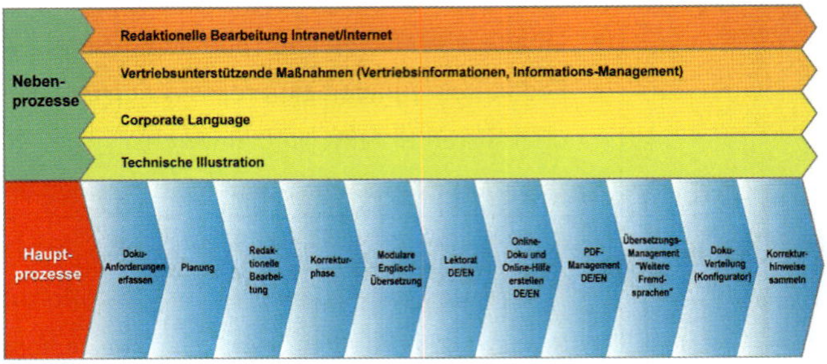

Bild 19: Vereinfachte Darstellung eines Redaktionsprozesses

Ein Prozessschritt kann dabei auch mehrere Arbeitsschritte beinhalten. Der Prozessschritt „Doku-Anforderungen erfassen" beinhaltet hierbei auch die Recherche- und Analysearbeiten sowie die Risikobeurteilung.

Fazit:

- Redaktions- und Übersetzungsprozesse müssen in die übergeordneten Unternehmensprozesse eingebunden werden.
- Ganzheitliche Betrachtungsweise bei der Prozessentwicklung
- Delegationsverantwortung der Geschäftsleitung
- Schnittstellen und Verantwortlichkeiten ebenfalls beschreiben

8.2 Korrekturlesen

Eine wesentliche Voraussetzung für qualitativ hochwertige Gebrauchsanleitungen ist die konsequente Prozessorientierung beim Konzipieren, Erstellen und Verwalten von Gebrauchsanleitungen. Qualitätssicherung ist dabei eine permanente Aufgabe entlang der gesamten Prozesskette und umfasst sämtliche Maßnahmen, um definierte Qualitätsanforderungen zu erfüllen. Eine wichtige Maßnahme im Sinne der Qualitätssicherung ist dabei das Korrekturlesen. Die Norm sagt dazu wörtlich im Kapitel 6.1.11: „Gebrauchsanleitungen müssen von anderen Personen Korrektur gelesen werden als vom Autor oder Übersetzer, vorzugsweise

Bild 20: Beispiel für Prozessschritte im Redaktionsprozess zur Qualitätssicherung

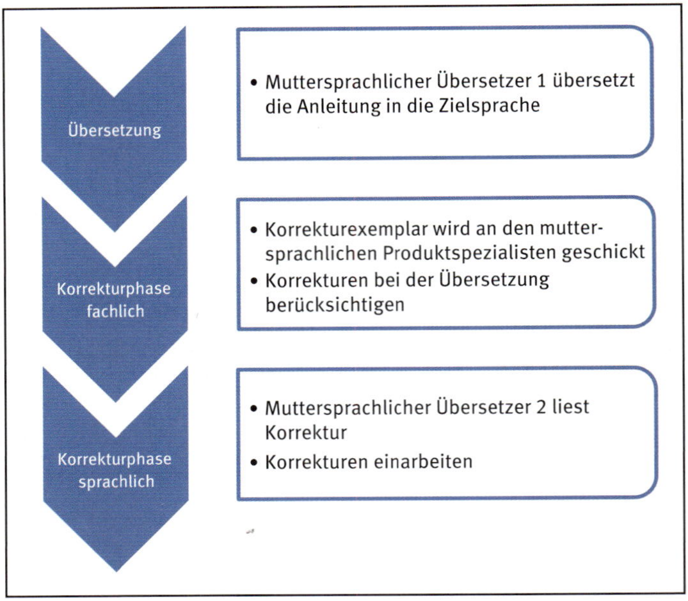

Bild 21: Beispiel für Prozessschritte im Übersetzungsprozess zur Qualitätssicherung

einem Muttersprachler der Zielsprache, der Kenntnisse über das betreffende Produkt hat." Dieser Satz beinhaltet in komprimierter Form mehrere Vorgaben, die auf zwei unterschiedliche Prozesse angewendet werden müssen. Dies sind der Redaktionsprozess zum Erstellen der Gebrauchsanleitung in der Quellsprache (siehe Bild 20) und der Übersetzungsprozess (siehe Bild 21), um den Sprachwechsel in die Zielsprachen sicherzustellen. Zudem wird Produktkenntnis gefordert, also nicht nur sprachlich/stilistische Überprüfung, sondern auch inhaltliche Überprüfung. Die Norm nennt als Kriterien Formulierung, Rechtschreibung, Zeichensetzung, Grammatik und Konsistenz der Begriffe. Als weiteres Kriterium muss jedoch auch die fachliche Richtigkeit der Inhalte überprüft werden.

Für den Redaktionsprozess bedeutet das Korrekturumlauf mit Produktspezialisten für die fachliche Richtigkeit und anschließendes Lektorat bezüglich Sprache, Stil und Konsistenz. Da Qualität im Prozess entsteht, sollten bereits die Technischen Redakteure beim Erstellen der Inhalte Qualitätsprüfungen durchführen, beispielsweise mit Software-Unterstützung zur Überprüfung von Rechtschreibung, Grammatik, Stil und Terminologie. Dies setzt natürlich voraus, dass Terminologiearbeit geleistet wurde und Stilregeln definiert wurden.

Für den Übersetzungsprozess bedeutet das die Anwendung des 6-Augen-Prinzips. Das heißt fachliche Korrektur durch einen muttersprachlichen Produktspezialisten, z. B. einen Mitarbeiter der Landesgesellschaft, in dessen Sprache die Gebrauchsanleitung übersetzt wurde, und sprachliche Korrektur durch einen muttersprachlichen Fachübersetzer, der die Übersetzung nicht selbst angefertigt hat. Wenn die Gebrauchsanleitung in der Quellsprache bereits in hoher Qualität erstellt wurde, also guter Stil und konsistente Terminologie gewährleistet sind, führt dies auch zu hoher Qualität der Übersetzungen. Zudem können dadurch die Übersetzungskosten reduziert werden.

Mit dem 6-Augen-Prinzip kann sichergestellt werden, dass die Übersetzung nicht nur sprachlich korrekt ist, sondern den Inhalt in der Zielsprache auch fachlich richtig wiedergibt. Bei komplexen und technologisch anspruchsvollen Produkten ist dies eine wichtige Methode zur Verringerung des Risikos. Die Einbindung von Produktspezialisten aus den Landesgesellschaften in den Übersetzungsprozess erfordert natürlich einen erhöhten kommunikativen Aufwand. Beispielsweise muss klar kommuniziert sein, dass die fachliche Korrektur der Übersetzung nicht bedeutet, die Struktur der Anleitung oder den Umfang des Inhalts zu ändern.

Fazit:

- Korrekturlesen ist verpflichtender Bestandteil des Redaktions- und Übersetzungsprozesses.
- Nicht nur sprachliche Korrektur, sondern auch fachliche Korrektur.
- Im Übersetzungsprozess 6-Augen-Prinzip anwenden.

Gebrauchsanleitungen bewerten 8.3

Ein wichtiger Bestandteil der Qualitätssicherung ist die Konformitätsbewertung der Gebrauchsanleitung in Bezug auf relevante Normen, beispielsweise der DIN EN 82079-1. Werden bei der Konzeption, Planung und Erstellung von Gebrauchsanleitungen die Vorgaben und Empfehlungen der DIN EN 82079-1 eingehalten und erfolgreich umgesetzt und wird dies auch dokumentiert, so stellt dies ein Qualitätsmerkmal dar.

Konformitätsbewertungen 8.3.1

Soll bewertet werden, ob eine Gebrauchsanleitung die Vorgaben und Empfehlungen der DIN EN 82079-1 im ausreichenden Maße einhält, also konform zur Norm ist, können verschiedene Methoden angewendet werden. Wörtlich heißt es im Kapitel 7.1 hierzu: „... entweder von Experten durch Überprüfung am Schreibtisch bewertet wurde oder durch eine empirische Bewertung ...“. In einer Anmerkung zum Kapitel 7.2 wird sogar empfohlen, in Abhängigkeit von der Komplexität des Produkts (gemeint ist wahrscheinlich bei sehr komplexen Produkten) bereits während der Entwicklungsphase Konformitätsbewertungen durchzuführen und die Ergebnisse in die Weiterentwicklung der Gebrauchsanleitung einfließen zu lassen. Im Anhang A der DIN EN 82079-1, der ausdrücklich normativen Charakter hat, werden ergänzend zum Kapitel 7 die Vorgaben für die Bewertung von Gebrauchsanleitungen präzisiert.

8.3.2 Untersuchung am Schreibtisch durch Experten

Die Schreibtischuntersuchung durch einen Experten ist ein wichtiger Baustein einer gesamthaft betrachteten Qualitätssicherung und kann wesentlich dazu beitragen, die Qualitätsziele für die Gebrauchsanleitung zu erreichen. Im Kap. 7.2 der DIN EN 82079-1 wird die Bewertung durch eine Experten als Voraussetzung dafür genannt, dass die Gebrauchsanleitung als konform zur DIN EN 82079-1 bezeichnet werden darf. Für die Bewertung durch einen Experten gelten dabei folgende Vorgaben:

- Die Experten müssen geeignet und qualifiziert sein, um die Bewertung durchzuführen.
- Die Experten dürfen nicht an der Entwicklung, Gestaltung, Produktion oder Vermarktung des Produkts beteiligt sein. Somit auch nicht an der Konzeption, Entwicklung und Erstellung der Gebrauchsanleitung.
- Nicht nur die Gebrauchsanleitungen stehen zur Verfügung, sondern auch das Produkt und die Verpackung.
- Die Bewertung anhand von Prüfprotokollen und Checklisten durchführen, beispielsweise den Checklisten in den Anhängen B und C der DIN EN 82079-1.
- Falls vorgefertigte Checklisten verwendet werden, prüfen, ob sie ergänzt oder geändert werden müssen.
- Die Vorgaben aus einschlägigen Produktnormen und rechtliche Vorgaben mit berücksichtigen.
- Das Prinzip der konstruktiven Kritik anwenden, also sagen, was geändert werden soll und die Gründe hierfür nennen. Wenn möglich, auch Verbesserungsvorschläge machen.

- Die Ergebnisse der Bewertung protokollieren und Nachweisdokumente führen. Hierbei mindestens folgende Fragen beantworten:
  - Was wurde zur Bewertung eingereicht?
  - Welche Sprachfassung der Gebrauchsanleitung wurde bewertet?
  - War das Produkt bereits komplett zusammengebaut oder war der Zusammenbau Teil der Bewertung?
  - Wer hat die Bewertung durchgeführt?
  - Wer ist für Qualitätssicherung und Übersetzung der Gebrauchsanleitung verantwortlich?

Über die erforderlichen Fähigkeiten eines Experten zur Konformitätsbewertung macht die DIN EN 82079-1 keine Angaben. Dieser Experte sollte jedoch mindestens dem Kompetenzmodell entsprechen, das für Mitarbeiter der Technischen Dokumentation beschrieben wurde, und darüber hinaus mehrere Jahre Berufserfahrung auf diesem Gebiet vorweisen können.

Als Hilfsmittel für die Konformitätsbewertung enthält die DIN EN 82079-1 im Anhang B eine Checkliste, anhand derer die einzelnen Teile der Gebrauchsanleitung auf ihren Informationsgehalt geprüft und bewertet werden können. Des Weiteren enthält der Anhang C eine Checkliste für die Effektivität der Kommunikation. Mit Effektivität der Kommunikation ist gemeint, wie wirkungsvoll die in der Gebrauchsanleitung eingesetzten Kommunikationsmittel, also Text, Illustrationen, Symbole usw., ihre Inhalte zum Nutzer transportieren können und ob die eingesetzten Medien dies wirkungsvoll unterstützen.

Beide Checklisten sind beispielhaft, im konkreten Fall müssen sie auf notwendige Ergänzungen und Veränderungen überprüft werden. Ebenfalls muss im konkreten Fall geprüft werden, ob zusätzliche Prüfprotokolle und Checklisten notwendig sind. Dies kann der Fall sein, wenn auch auf Einhaltung spezieller Produktnormen oder rechtlicher Vorgaben geprüft wird.

Bei der Bewertung einer Gebrauchsanleitung werden die Anforderungen aus den Prüfprotokollen und Checklisten üblicherweise zu 100 % nicht erreicht. Somit ist es erforderlich festzulegen, welche Anforderungen zwingend erfüllt werden müssen und zu welchem Prozentsatz die übrigen Anforderungen erfüllt sein müssen, damit die Bewertung als erfolgreich angesehen werden kann. Vor allem Anforderungen, die den sicheren Betrieb des Produkts betreffen, sollten zwingend erfüllt werden. Für die übrigen Anforderungen kann dann beispielsweise ein Erfüllungsgrad von 85 % festgelegt werden.

8.3.3 Empirische Bewertung

Weitere Möglichkeiten zur Konformitätsbewertung bieten die Methoden der empirischen Bewertung. Die DIN EN 82079-1 gilt für alle Arten von Produkten bis hin zu großen Industriemaschinen, bei denen eine Schreibtischuntersuchung nicht möglich ist. Hier bietet die empirische Bewertung durchaus geeignete Methoden, z. B. Befragungen oder Gutachten, Überprüfungen durch Experten und Zertifikate. Bei Konsumgütern mit verschiedenen Zielmärkten und sehr heterogenen Zielgruppen können empirische Bewertungen ebenfalls sehr sinnvoll sein, weil eine Schreibtischuntersuchung einen zu eingeengten Blick auf das Produkt und seine Gebrauchsanleitung hat. Hier bietet die empirische Bewertung ebenfalls geeignete Methoden, z. B. Usability-Testing oder Hotline-Auswertungen. Somit gelten für diese Art der Konformitätsbewertung folgende Vorgaben:

- Festlegen, welche Nutzer, Zielgruppen und Zielmärkte berücksichtigt werden müssen.
- Die Methoden der empirischen Bewertung festlegen.
  - Anhang E der DIN EN 82079-1 nennt die wichtigsten Methoden für empirische Bewertungen mit Anwendungsbereich/Ziele, Vorteile und Nachteile der Methode.
  - Dies als Leitfaden für die Auswahl der geeigneten Methoden verwenden
- Die Teilnehmer der empirischen Bewertung festlegen.
- Die Ergebnisse der Bewertung protokollieren und Nachweisdokumente führen, siehe „Untersuchung am Schreibtisch durch Experten".

8.3.4 Kombination von Schreibtischuntersuchung und empirischer Bewertung

Bei folgenden Produkteigenschaften kann eine Kombination aus Schreibtischuntersuchung und empirischer Bewertung sinnvoll sein:

- Sehr komplex und erklärungsbedürftig.
- Noch am Schreibtisch handhabbar.
- Für unterschiedlichste Zielmärkte vorgesehen.
- Spricht sehr heterogene Zielgruppen an.

Die Schreibtischuntersuchung liefert eine verlässliche Aussage darüber, ob der Informationsgehalt ausreichend ist. Dies kann durch gute Checklisten und Prüfprotokolle sichergestellt werden. Vor allem bei sehr komplexen und erklärungsbedürftigen Produkten von großer Bedeutung. Die Bewertung der Effektivität der Kommunikation ist sehr subjektiv, so dass hier die Methoden der empirischen Bewertung unter Einbeziehung der unterschiedlichen Zielgruppen in den verschiedenen Märkten ein zuverlässigeres Bild liefern. Bei der Kombination von Schreibtischuntersuchung und empirischer Bewertung gelten zusätzlich noch folgende Vorgaben:

- Sicherstellen, dass mit den Teilnehmern der empirischen Bewertung die relevanten Zielmärkte und Zielgruppen berücksichtigt werden.
- Beschreiben, welche Bewertungsergebnisse auf Schreibtischuntersuchungen und auf empirischen Bewertungen beruhen.

Fazit

- Konformitätsbewertungen sind Teil der Qualitätssicherung.
- Bewertung durch einen Experten ist Voraussetzung für die Feststellung der Konformität.
- Bei bestimmten Produkten können empirische Bewertungen aussagkräftiger sein als eine Schreibtischuntersuchung.

Abdruck der Norm 9

Juni 2013

	DIN EN 82079-1 (VDE 0039-1)	DIN
	Diese Norm ist zugleich eine **VDE-Bestimmung** im Sinne von VDE 0022. Sie ist nach Durchführung des vom VDE-Präsidium beschlossenen Genehmigungsverfahrens unter der oben angeführten Nummer in das VDE-Vorschriftenwerk aufgenommen und in der „etz Elektrotechnik + Automation" bekannt gegeben worden.	VDE

ICS 01.110; 29.020

Ersatz für
DIN EN 62079
(VDE 0039):2001-11
Siehe Anwendungsbeginn

Erstellen von Gebrauchsanleitungen –
Gliederung, Inhalt und Darstellung –
Teil 1: Allgemeine Grundsätze und ausführliche Anforderungen
(IEC 82079-1:2012);
Deutsche Fassung EN 82079-1:2012

Preparation of instructions for use –
Structuring, content and presentation –
Part 1: General principles and detailed requirements
(IEC 82079-1:2012);
German version EN 82079-1:2012

Etablissement des instructions d'utilisation –
Structure, contenu et présentation –
Partie 1: Principes généraux et exigences détaillées
(CEI 82079-1:2012);
Version allemande EN 82079-1:2012

Gesamtumfang 67 Seiten

DKE Deutsche Kommission Elektrotechnik Elektronik Informationstechnik im DIN und VDE
Normenausschuss Technische Grundlagen (NATG) im DIN

DIN EN 82079-1 (VDE 0039-1):2013-06

Anwendungsbeginn

Anwendungsbeginn für die von CENELEC am 2012-09-12 angenommene Europäische Norm als DIN-Norm ist 2013-06-01.

Für DIN EN 62079 (VDE 0039):2001-11 besteht eine Übergangsfrist bis 2015-09-12.

Nationales Vorwort

Vorausgegangener Norm-Entwurf: E DIN EN 82079-1 (VDE 0039-1):2010-10.

Für dieses Dokument ist das nationale Arbeitsgremium K 113 „Produktdatenmodelle, Informationsstrukturen, Dokumentation und graphische Symbole" der DKE Deutsche Kommission Elektrotechnik Elektronik Informationstechnik im DIN und VDE (www.dke.de) zuständig.

Die vorliegende Norm wurde von IEC/TC 3 zur Klassifikation als „Horizontal Standard" vorgesehen. Eine entsprechende Kennzeichnung ist zu erwarten (siehe hierzu die aktuelle Klassifizierung in der offiziellen Liste der IEC-Publikationen).

In dieser Norm werden an mehreren Stellen grafische Symbole angesprochen. Sind in diesem Zusammenhang genormte grafische Symbole gemeint, werden diese entsprechend der derzeit gültigen Normen als „graphische Symbole" bezeichnet.

Die enthaltene IEC-Publikation wurde vom Technischen Komitee IEC/TC 3 „Information structures, documentation and graphical symbols" erarbeitet.

Das IEC-Komitee hat entschieden, dass der Inhalt dieser Publikation bis zu dem Datum (stability date) unverändert bleiben soll, das auf der IEC-Website unter „http://webstore.iec.ch" zu dieser Publikation angegeben ist. Zu diesem Zeitpunkt wird entsprechend der Entscheidung des Komitees die Publikation
- bestätigt,
- zurückgezogen,
- durch eine Folgeausgabe ersetzt oder
- geändert.

Änderungen

Gegenüber DIN EN 62079 (VDE 0039):2001-11 wurden folgende Änderungen vorgenommen:

a) Die Konsistenz des Inhalts von Anleitungen wurde zum Prinzip erhoben.

b) Die von einer Anleitung einzuhaltenden Prinzipien wurden eingehender erläutert.

c) Die Aussagen zu sicherheitsrelevanten Informationen wurden präzisiert.

d) Die Anhänge wurden entsprechend den überarbeiteten Prinzipien revidiert.

e) Der Anhang D „Planung der Erstellung von Gebrauchsanleitungen" wurde neu aufgenommen.

f) Der Anhang E „Empirische Methoden zur Unterstützung der Erstellung von Gebrauchsanleitungen" wurde neu aufgenommen.

Frühere Ausgaben

DIN 8418: 1974-11
DIN V 66055: 1988-02
DIN V 8418: 1988-02
DIN EN 62079 (VDE 0039): 2001-11

Nationaler Anhang NA
(informativ)

Zusammenhang mit Europäischen und Internationalen Normen

Für den Fall einer undatierten Verweisung im normativen Text (Verweisung auf eine Norm ohne Angabe des Ausgabedatums und ohne Hinweis auf eine Abschnittsnummer, eine Tabelle, ein Bild usw.) bezieht sich die Verweisung auf die jeweils neueste gültige Ausgabe der in Bezug genommenen Norm.

Für den Fall einer datierten Verweisung im normativen Text bezieht sich die Verweisung immer auf die in Bezug genommene Ausgabe der Norm.

Eine Information über den Zusammenhang der zitierten Normen mit den entsprechenden Deutschen Normen ist nachstehend wiedergegeben.

Tabelle NA.1 (1 von 2)

Europäische Norm	Internationale Norm	Deutsche Norm	Klassifikation im VDE-Vorschriftenwerk
EN 60073:2002	IEC 60073:2002	DIN EN 60073 (VDE 0199):2003-05	VDE 0199
EN 60204-1:2006 EN 60204-1/A1:2009 Cor.:2010 zu EN 60204-1:2006	IEC 60204-1:2005 (mod.) IEC 60204-1/A1:2008[a]	DIN EN 60204-1 (VDE 0113-1):2007-06 DIN EN 60204-1/A1 (VDE 0113-1/A1):2009-10 DIN EN 60204-1 Ber 1 (VDE 0113-1 Ber 1):2010-05	VDE 0113-1 VDE 0113-1/A1 VDE 0113-1 Ber 1
–	IEC 60417 DB[b]	–	–
EN 60529:1991 + A1:2000	IEC 60529:1989 + A1:1999[c]	DIN EN 60529 (VDE 0470-1):2000-09	VDE 0470-1
–	IEC 60617 DB[d]	–	–
EN 60825-1	IEC 60825-1	DIN EN 60825-1 (VDE 0837-1)	VDE 0837-1
EN 60848:2002	IEC 60848:2002	DIN EN 60848:2002-12	–
EN 61082-1:2006	IEC 61082-1:2006	DIN EN 61082-1 (VDE 0040-1):2007-03	VDE 0040-1
EN 61310-1:2008	IEC 61310-1:2007	DIN EN 61310-1 (VDE 0113-101):2008-09	VDE 0113-101
EN 61355:1997 ersetzt durch: EN 61355-1:2008	IEC 61355:1997 ersetzt durch: IEC 61355-1:2008	DIN EN 61355:1997-11 ersetzt durch: DIN EN 61355-1 (VDE 0040-3):2009-03	– VDE 0040-3
EN 62507-1:2011	IEC 62507-1:2010	DIN EN 62507-1 (VDE 0040-2-1):2012-03	VDE 0040-2-1
EN 80416-1:2009	IEC 80416-1:2008	DIN EN 80416-1:2009-11	–
EN 81346-1:2009	IEC 81346-1:2009	DIN EN 81346-1:2010-05	–
–	IEC/PAS 62569-1:2009	DIN IEC/PAS 62569-1 (DIN SPEC 43587):2011-03	–
–	ISO 3864 (alle Teile)	DIN ISO 3864 (alle Teile)	–

DIN EN 82079-1 (VDE 0039-1):2013-06

Tabelle NA.1 (2 von 2)

Europäische Norm	Internationale Norm	Deutsche Norm	Klassifikation im VDE-Vorschriftenwerk
–	ISO 3864-2:2004	DIN ISO 3864-2:2008-07	–
–	–	DIN ISO 3864-2 Ber 1:2011-09	–
–	ISO 7000:2004 ersetzt durch:	DIN ISO 7000:2008-12	–
–	ISO 7000 DB[b]	–	–
EN ISO 7010	ISO 7010:2011	DIN EN ISO 7010:2012-10	–
–	ISO 7010/A1:2012	–	–
–	ISO 7010/A2:2012	–	–
–	ISO 7010/A3:2012	–	–
EN ISO 7731:2008	ISO 7731:2003	DIN EN ISO 7731:2008-12	–
EN ISO 9000:2005	ISO 9000:2005	DIN EN ISO 9000:2005-12	–
–	ISO 9186 (alle Teile)	–	–
EN ISO 9241 (alle Teile)	ISO 9241 (alle Teile)	DIN EN ISO 9241 (alle Teile)	–
EN ISO 10628:2000	ISO 10628:1997	DIN EN ISO 10628:2001-03	–
–	ISO 11429	–	–
EN ISO 11683:1997	ISO 11683:1997	DIN EN ISO 11683:1997-11	–
EN ISO 12100	ISO 12100	DIN EN ISO 12100	–
–	ISO 14617 (alle Teile)	–	–
EN ISO 15006	ISO 15006	DIN EN ISO 15006	–
–	ISO Guide 73:2009	–	–
EN ISO 80000 (alle Teile)	ISO/IEC 80000 (alle Teile)	DIN EN ISO 80000 (alle Teile)	–
–	ISO/IEC Guide 14:2003	–	–
–	ISO/IEC Guide 37	–	–
–	ISO/IEC Guide 51:1999	DIN 820-120:2012-09	–
–	ISO/IEC Guide 71:2001	–	–
–	ISO/IEC Guide 74	–	–
–	ISO/IEC Draft Guide 81 zurückgezogen	–	–
–	ISO/TR 16352	–	–

[a] IEC 60204-1:2009, Ed 5.1 enthält IEC 60204-1:2005 (mod.) und die Änderung 1:2008.

[b] IEC-Online-Datenbank, gebührenpflichtig, siehe: http:\\www.graphical-symbols.info\?OpenPage.

[c] IEC 60529:2001 Ed 2.1 enthält IEC 60529:1989 und die Änderung 1:1999. Hierzu gibt es Cor. 1:2003, Cor. 2:2007 und Cor. 3:2009.

[d] IEC-Online-Datenbank, gebührenpflichtig.

4

Nationaler Anhang NB
(informativ)

Literaturhinweise

DIN 820-120:2012-09, *Normungsarbeit – Teil 120: Leitfaden für die Aufnahme von Sicherheitsaspekten in Normen (ISO/IEC Guide 51:1999)*

DIN EN 60073 (VDE 0199):2003-05, *Grund- und Sicherheitsregeln für die Mensch-Maschine-Schnittstelle, Kennzeichnung – Codierungsgrundsätze für Anzeigengeräte und Bedienteile (IEC 60073:2002); Deutsche Fassung EN 60073:2002*

DIN EN 60204-1 (VDE 0113-1):2007-06, *Sicherheit von Maschinen – Elektrische Ausrüstung von Maschinen – Teil 1: Allgemeine Anforderungen (IEC 60204-1:2005, modifiziert); Deutsche Fassung EN 60204-1:2006*

DIN EN 60204-1 Berichtigung 1 (VDE 0113-1 Berichtigung 1):2010-05, *Sicherheit von Maschinen – Elektrische Ausrüstung von Maschinen – Teil 1: Allgemeine Anforderungen (IEC 60204-1:2005, modifiziert); Deutsche Fassung EN 60204-1:2006, Berichtigung zu DIN EN 60204-1 (VDE 0113-1):2007-06; Deutsche Fassung CENELEC-Cor.:2010 zu EN 60204-1:2006*

DIN EN 60204-1/A1 (VDE 0113-1/A1):2009-10, *Sicherheit von Maschinen – Elektrische Ausrüstung von Maschinen – Teil 1: Allgemeine Anforderungen (IEC 60204-1:2005/A1:2008); Deutsche Fassung EN 60204-1:2006/A1:2009*

DIN EN 60529 (VDE 0470-1):2000-09, *Schutzarten durch Gehäuse (IP-Code) (IEC 60529:1989 + A1:1999); Deutsche Fassung EN 60529:1991 + A1:2000*

DIN EN 60825-1 (VDE 0837-1), *Sicherheit von Lasereinrichtungen – Teil 1: Klassifizierung von Anlagen und Anforderungen*

DIN EN 60848:2002-12, *GRAFCET – Spezifikationssprache für Funktionspläne der Ablaufsteuerung (IEC 60848:2002); Deutsche Fassung EN 60848:2002*

DIN EN 61082-1 (VDE 0040-1):2007-03, *Dokumente der Elektrotechnik – Teil 1: Regeln (IEC 61082-1:2006); Deutsche Fassung EN 61082-1:2006*

DIN EN 61310-1 (VDE 0113-101):2008-09, *Sicherheit von Maschinen – Anzeigen, Kennzeichen und Bedienen – Teil 1: Anforderungen an sichtbare, hörbare und tastbare Signale (IEC 61310-1:2007); Deutsche Fassung EN 61310-1:2008*

DIN EN 61355-1 (VDE 0040-3):2009-03, *Klassifikation und Kennzeichnung von Dokumenten für Anlagen, Systeme und Ausrüstungen – Teil 1: Regeln und Tabellen zur Klassifikation (IEC 61355-1:2008); Deutsche Fassung EN 61355-1:2008*

DIN EN 62507-1 (VDE 0040-2-1):2012-03, *Anforderungen an Identifikationssysteme zur Unterstützung eines eindeutigen Informationsaustauschs – Teil 1: Grundsätze und Methodik (IEC 62507-1:2010); Deutsche Fassung EN 62507-1:2011*

DIN EN 80416-1:2009-11, *Allgemeine Grundlagen für graphische Symbole auf Geräten und Einrichtungen – Teil 1: Gestaltung graphischer Symbole für die Registrierung (IEC 80416-1:2008); Deutsche Fassung EN 80416-1:2009*

DIN EN 81346-1:2010-05, *Industrielle Systeme, Anlagen und Ausrüstungen und Industrieprodukte – Strukturierungsprinzipien und Referenzkennzeichnung – Teil 1: Allgemeine Regeln (IEC 81346-1:2009); Deutsche Fassung EN 81346-1:2009*

DIN EN ISO 7010:2012-10, *Graphische Symbole – Sicherheitsfarben und Sicherheitszeichen – Registrierte Sicherheitszeichen (ISO 7010:2011); Deutsche Fassung EN ISO 7010:2012*

DIN EN 82079-1 (VDE 0039-1):2013-06

DIN EN ISO 7731:2008-12, *Ergonomie – Gefahrensignale für öffentliche Bereiche und Arbeitsstätten – Akustische Gefahrensignale (ISO 7731:2003); Deutsche Fassung EN ISO 7731:2008*

DIN EN ISO 80000 (alle Teile), *Größen und Einheiten*

DIN EN ISO 9000:2005-12, *Qualitätsmanagementsysteme – Grundlagen und Begriffe (ISO 9000:2005); Dreisprachige Fassung EN ISO 9000:2005*

DIN EN ISO 9241 (alle Teile), *Ergonomie der Mensch-System-Interaktion*

DIN EN ISO 10628:2001-03, *Fließschemata für verfahrenstechnische Anlagen – Allgemeine Regeln (ISO 10628:1997); Deutsche Fassung EN ISO 10628:2000*

DIN EN ISO 11683:1997-11, *Verpackung – Tastbare Gefahrenhinweise – Anforderungen (ISO 11683:1997); Deutsche Fassung EN ISO 11683:1997*

DIN EN ISO 12100, *Sicherheit von Maschinen – Allgemeine Gestaltungsleitsätze – Risikobeurteilung und Risikominderung*

DIN EN ISO 15006, *Straßenfahrzeuge – Ergonomische Aspekte von Verkehrsinformations- und Assistenzsystemen – Anforderungen und Konformitätsverfahren für die Ausgabe auditiver Informationen im Fahrzeug*

DIN IEC/PAS 62569-1 (DIN SPEC 43587):2011-03, *Allgemeine Regeln zur Erstellung von Produktspezifikationen – Teil 1: Grundsätze und Methoden (IEC/PAS 62569-1:2009)*

DIN ISO 3864 (alle Teile), *Graphische Symbole – Sicherheitsfarben und Sicherheitszeichen*

DIN ISO 3864-2:2008-07, *Graphische Symbole – Sicherheitsfarben und Sicherheitszeichen – Teil 2: Gestaltungsgrundlagen für Sicherheitsschilder zur Anwendung auf Produkten (ISO 3864-2:2004)*

DIN ISO 3864-2 Berichtigung 1:2011-09, *Graphische Symbole – Sicherheitsfarben und Sicherheitszeichen – Teil 2: Gestaltungsgrundlagen für Sicherheitsschilder zur Anwendung auf Produkten (ISO 3864-2:2004), Berichtigung zu DIN ISO 3864-2:2008-07*

DIN ISO 7000:2008-12, *Graphische Symbole auf Einrichtungen – Index und Übersicht (ISO 7000:2004 + ISO 7000 Datenbank:2008 bis ISO 7000-2750)*

6

EUROPÄISCHE NORM

EUROPEAN STANDARD

NORME EUROPÉENNE

EN 82079-1

September 2012

ICS 01.110; 29.020

Ersatz für EN 62079:2001

Deutsche Fassung

Erstellen von Gebrauchsanleitungen – Gliederung, Inhalt und Darstellung – Teil 1: Allgemeine Grundsätze und ausführliche Anforderungen

(IEC 82079-1:2012)

Preparation of instructions for use – Structuring, content and presentation – Part 1: General principles and detailed requirements (IEC 82079-1:2012)

Etablissement des instructions d'utilisation – Structure, contenu et présentation – Partie 1: Principes généraux et exigences détaillées (CEI 82079-1:2012)

Diese Europäische Norm wurde von CENELEC am 2012-09-12 angenommen. Die CENELEC-Mitglieder sind gehalten, die CEN/CENELEC-Geschäftsordnung zu erfüllen, in der die Bedingungen festgelegt sind, unter denen dieser Europäischen Norm ohne jede Änderung der Status einer nationalen Norm zu geben ist.

Auf dem letzten Stand befindliche Listen dieser nationalen Normen mit ihren bibliographischen Angaben sind beim CEN-CENELEC Management Centre oder bei jedem CENELEC-Mitglied auf Anfrage erhältlich.

Diese Europäische Norm besteht in drei offiziellen Fassungen (Deutsch, Englisch, Französisch). Eine Fassung in einer anderen Sprache, die von einem CENELEC-Mitglied in eigener Verantwortung durch Übersetzung in seine Landessprache gemacht und dem CEN-CENELEC Management Centre mitgeteilt worden ist, hat den gleichen Status wie die offiziellen Fassungen.

CENELEC-Mitglieder sind die nationalen elektrotechnischen Komitees von Belgien, Bulgarien, Dänemark, Deutschland, der ehemaligen jugoslawischen Republik Mazedonien, Estland, Finnland, Frankreich, Griechenland, Irland, Island, Italien, Kroatien, Lettland, Litauen, Luxemburg, Malta, den Niederlanden, Norwegen, Österreich, Polen, Portugal, Rumänien, Schweden, der Schweiz, der Slowakei, Slowenien, Spanien, der Tschechischen Republik, der Türkei, Ungarn, dem Vereinigten Königreich und Zypern.

CENELEC

Europäisches Komitee für Elektrotechnische Normung
European Committee for Electrotechnical Standardization
Comité Européen de Normalisation Electrotechnique

Management Centre: Avenue Marnix 17, B-1000 Brüssel

Ref. Nr. EN 82079-1:2012 D

DIN EN 82079-1 (VDE 0039-1):2013-06
EN 82079-1:2012

Vorwort

Der Text des Dokuments 3/1093/FDIS, zukünftige 1. Ausgabe der IEC 82079-1, erarbeitet vom IEC/TC 3 „Information structures, documentation and graphical symbols", wurde zur parallelen IEC-CENELEC-Abstimmung vorgelegt und von CENELEC als EN 82079-1:2012 angenommen.

Nachstehende Daten wurden festgelegt:

– spätestes Datum, zu dem dieses Dokument auf nationaler Ebene durch Veröffentlichung einer identischen nationalen Norm oder durch Anerkennung übernommen werden muss	(dop):	2013-06-12
– spätestes Datum, zu dem nationale Normen, die diesem Dokument entgegenstehen, zurückgezogen werden müssen	(dow):	2015-09-12

Dieses Dokument ersetzt EN 62079:2001.

Es wird auf die Möglichkeit hingewiesen, dass einige Elemente dieses Dokuments Patentrechte berühren können. CENELEC [und/oder CEN] sind nicht dafür verantwortlich, einige oder alle diesbezüglichen Patentrechte zu identifizieren.

Anerkennungsnotiz

Der Text der Internationalen Norm IEC 82079-1:2012 wurde von CENELEC ohne irgendeine Abänderung als Europäische Norm angenommen.

In der offiziellen Fassung sind unter „Literaturhinweise" zu den aufgelisteten Normen die nachstehenden Anmerkungen einzutragen:

IEC 60073	ANMERKUNG	Harmonisiert als EN 60073.
IEC 60848	ANMERKUNG	Harmonisiert als EN 60848.
IEC 61082-1:2006	ANMERKUNG	Harmonisiert als EN 61082-1:2006 (nicht modifiziert).
IEC 61310-1	ANMERKUNG	Harmonisiert als EN 61310-1.
IEC 61355-1:2008	ANMERKUNG	Harmonisiert als EN 61355-1:2008 (nicht modifiziert).
IEC 80416-1:2008	ANMERKUNG	Harmonisiert als EN 80416-1:2009 (nicht modifiziert).
IEC 81346-1	ANMERKUNG	Harmonisiert als EN 81346-1.
ISO 9000:2005	ANMERKUNG	Harmonisiert als EN ISO 9000:2005 (nicht modifiziert).
ISO 10628	ANMERKUNG	Harmonisiert als EN ISO 10628.
ISO 15006	ANMERKUNG	Harmonisiert als EN ISO 15006.

2

Inhalt

DIN EN 82079-1 (VDE 0039-1):2013-06
EN 82079-1:2012

6

1 Anwendungsbereich

In diesem Teil der IEC 82079 sind allgemeine Prinzipien und detaillierte Anforderungen an die Erstellung und die Formulierung aller Arten von Gebrauchsanleitungen zusammengestellt, die für die Nutzer von Produkten aller Art notwendig oder hilfreich sind, von einer Dose Farbe bis zu großen oder sehr komplexen Produkten, wie z. B. großen Industriemaschinen, schlüsselfertigen Anlagen oder Gebäuden.

ANMERKUNG Der Begriff „Produkt", wie in 3.29 festgelegt, bezieht sich auf Verbraucherprodukte, Nicht-Verbraucherprodukte, elektrische, elektronische, elektromechanische, mechanische und andere Produkte.

Dieser Teil richtet sich an alle, die an der Erstellung von Gebrauchsanleitungen beteiligt sind, z. B.:

- Anbieter, Technische Redakteure, Technische Illustratoren, Softwareentwickler, Übersetzer oder andere Personen, die mit der Konzeption und Erarbeitung solcher Gebrauchsanleitungen betraut sind.

Dieser Teil der IEC 82079 spezifiziert keinen bestimmten Umfang der mit einem Produkt zu liefernden Dokumentation. Dies ist offensichtlich nicht möglich, da dieser Teil für alle Arten von Produkten anwendbar ist. Der Umfang der geforderten Dokumentation hängt von der Art des Produkts, seiner Komplexität und von den Kenntnissen der beabsichtigten Nutzer ab.

2 Normative Verweisungen

Die folgenden Dokumente, die in diesem Dokument teilweise oder als Ganzes zitiert werden, sind für die Anwendung dieses Dokuments erforderlich. Bei datierten Verweisungen gilt nur die in Bezug genommene Ausgabe. Bei undatierten Verweisungen gilt die letzte Ausgabe des in Bezug genommenen Dokuments (einschließlich aller Änderungen).

IEC 60204-1:2005, *Safety of machinery – Electrical equipment of machines – Part 1: General requirements*

IEC 60417, *Graphical symbols for use on equipment*

IEC 60529, *Degrees of protection provided by enclosures (IP Code)*

IEC 60617, *Graphical symbols for diagrams*

IEC 62507-1, *Identification systems enabling unambiguous information interchange – Requirements – Part 1: Principles and methods*

IEC/PAS 62569-1:2009, *Generic specification of information on products – Part 1: Principles and methods*

ISO 3864 (alle Teile), *Graphical symbols – Safety colours and safety signs*

ISO 3864-2, *Graphical symbols – Safety colours and safety signs – Part 2: Design principles for product safety labels*

ISO 7000, *Graphical symbols for use on equipment – Index and synopsis*

ISO 7010, *Graphical symbols – Safety colours and safety signs – Registered safety signs*

ISO 9241 (alle Teile), *Ergonomics of human-system interaction*

ISO 11683, *Packaging – Tactile warnings of danger – Requirements*

ISO 12100, *Safety of machinery – General principles for design – Risk assessment and risk reduction*

ISO 14617 (alle Teile), *Graphical symbols for diagrams*

ISO/IEC Guide 51:1999, *Safety aspects – Guidelines for their inclusion in standards*

ISO/IEC Guide 71:2001, *Guidelines for standards developers to address the needs of older persons and persons with disabilities*

3 Begriffe

Für die Anwendung dieses Dokuments gelten die folgenden Begriffe.

ANMERKUNG Begriffe in Kursivschrift sind in diesem Abschnitt an anderer Stelle festgelegt.

3.1
barrierefreies Produkt
Produkt, das entwickelt wurde, um die Anzahl potenzieller Nutzer zu maximieren

3.2
Braille
Schreibsystem aus einer Reihe von zweidimensionalen Mustern von erhabenen Punkten, das mit den Fingern gelesen wird

3.3
Inbetriebnahme
Maßnahmen vor oder im Zusammenhang mit der Übergabe eines Produkts einschließlich Endabnahmeprüfungen, Übergabe der gesamten Dokumentation, welche relevant ist für die *Produkt*nutzung und falls erforderlich für die Anweisung von Personal

3.4
Komponente
Produkt, das als Bestandteil in einem zusammengestellten Produkt, einem System oder einer Anlage benutzt wird

[QUELLE: IEC 81346-1:2009, Definition 3.7]

3.5
Konformität
Erfüllung festgelegter Anforderungen

Anmerkung 1 zum Begriff: Die englische Benennung „conformance" ist synonym, aber veraltet.

3.6
Konsequenz
Ergebnis eines Auftretens bestimmter Umstände

Anmerkung 1 zum Begriff: Es kann mehr als eine Konsequenz aus einem Ereignis geben.

Anmerkung 2 zum Begriff: Konsequenzen können positiv und negativ sein. Allerdings sind die Konsequenzen immer negativ, wenn man nicht die Sicherheitsanforderungen befolgt.

Anmerkung 3 zum Begriff: Konsequenzen können qualitativ oder quantitativ ausgedrückt werden.

[QUELLE: ISO Guide 73:2009, Definition 3.6.1.3, modifiziert]

3.7
Verbrauchsmaterialien
jedes Teil oder Material, das für die regelmäßige Nutzung oder *Instandhaltung* des *Produkts* notwendig ist

3.8
Verbraucher
natürliche Person, welche Produkte, Immobilien, Vermögen oder Kundendienste für private Zwecke kauft oder nutzt

Anmerkung 1 zum Begriff: Im Sinne der Anforderungen dieses Teils der IEC 82079 wird davon ausgegangen, dass ein „Verbraucher" keine Fachkraft ist.

3.9
Verbraucherprodukt
Produkt, das für Verbraucher verfügbar oder bestimmt ist oder wahrscheinlich von ihnen verwendet wird

Anmerkung 1 zum Begriff: Verbraucherprodukte schließen barrierefreie Produkte ein.

3.10
Kunde
Einzelperson oder Organisation, die ein *Produkt* kauft oder empfängt

Anmerkung 1 zum Begriff: Beispiele sind Verbraucher, Klient, Endnutzer, Einzelhändler, Nutznießer und Käufer.

Anmerkung 2 zum Begriff: Der Begriff „Kunde" schließt „Verbraucher" ein, hat aber eine breitere Bedeutung.

[QUELLE: ISO 9000:2005, Definition 3.3.5, modifiziert]

3.11
Anzeige
Vorrichtung, die als Teil eines *Produkts* visuell oder tastbar Informationen darstellt, durch vom Menschen lesbare Texte oder Grafiken

3.12
Dokument
festgelegte und strukturierte Menge an Information zur Wahrnehmung durch den Menschen, welche als Einheit zwischen *Anwendern* und Systemen gehandhabt und ausgetauscht werden kann

[QUELLE: IEC 61082-1:2006, Definition 3.1.2]

3.13
Dokumentation
Sammlung von *Dokumenten*, die einem bestimmten Gegenstand zugeordnet ist

[QUELLE: IEC 61082-1:2006, Definition 3.1.4]

3.14
Gerät
Anordnung zusammengehörender Teile, die in ihrer Gesamtheit einen festgelegten Zweck erfüllen soll

3.15
graphisches Symbol
visuell wahrnehmbare bildliche Darstellung mit einer bestimmten Bedeutung, die dazu dient, Informationen sprachunabhängig zu vermitteln

[QUELLE: IEC 80416-1:2008, Definition 3.4]

3.16
Schaden
physische Verletzung oder Schädigung der Gesundheit von Menschen oder Schädigung von Eigentum/Besitz oder der Umwelt

[QUELLE: ISO/IEC Guide 51:1999, Definition 3.3]

3.17
Gefährdung
potenzielle *Schadens*quelle

[QUELLE: ISO/IEC Guide 51:1999, Definition 3.5]

3.18
visuelle Darstellung
Visualisierung oder Abbildung, wie Grafik, Bild, Diagramm, Fotografie, Linienzeichnung usw., die erstellt wurde, um bestimmte Informationen zu übermitteln, außer *grafische Symbole*

DIN EN 82079-1 (VDE 0039-1):2013-06
EN 82079-1:2012

3.19
Gebrauchsanleitungen
Information, die durch den *Anbieter* eines *Produkts* für den *Nutzer* bereitgestellt wird, mit allen notwendigen Bestimmungen zur Vermittlung durchzuführender Maßnahmen für den sicheren und effizienten Gebrauch des *Produkts*

Anmerkung 1 zum Begriff: Gebrauchsanleitungen eines einzelnen Produkts enthalten ein oder mehrere Dokumente.

[QUELLE: ISO/IEC Guide 14:2003, Definition 2.8, modifiziert]

3.20
bestimmungsgemäßer Gebrauch
durch den Anbieter des *Produkts* festgelegte vollständige Auflistung von Funktionen oder geplanten Anwendungen

Anmerkung 1 zum Begriff: Funktionen oder Anwendungen, die vom Anbieter nicht aufgelistet wurden, sind vom bestimmungsgemäßen Gebrauch des Produkts ausgeschlossen.

Anmerkung 2 zum Begriff: Zusätzliche oder modifizierte Funktionen oder Anwendungen, die aus Modifikationen entstanden sind und nicht vom Anbieter des Produkts genehmigt wurden, sind vom bestimmungsgemäßen Gebrauch des Produkts ausgeschlossen.

3.21
Label
an einem *Produkt* befestigtes Element, das Informationen in Bezug auf eine oder mehrere Eigenschaften des *Produkts* zeigt

[QUELLE: ISO/IEC Guide 14:2003, Definition 2.9]

3.22
Instandhaltung
Maßnahmen zur Beibehaltung oder Wiederherstellung eines sicheren und zweckmäßigen Zustands eines Produkts, in welchem es den *bestimmungsgemäßen Gebrauch* erfüllen kann

3.23
Handbuch
Dokument, das Informationen für die Nutzung eines *Produkts* enthält

Anmerkung 1 zum Begriff: In der Definition D00014 in IEC 61355 ist der Dokumenttyp „XXX Handbuch" festgelegt, wobei die Buchstaben XXX dazu gedacht sind, durch den jeweiligen Typ des Handbuchs ersetzt zu werden.

3.24
Kennzeichnung
Logo, Schrift, *grafisches Symbol*, Piktogramm, tastbare Indikatoren, Warnzeichen auf dem *Produkt*, um seinen Typ zu identifizieren oder Anweisung zu geben

Anmerkung 1 zum Begriff: Der Begriff „Kennzeichnung" darf auch kurze Textmitteilungen enthalten.

[QUELLE: ISO/IEC Guide 14:2003, Definition 2.4, modifiziert]

3.25
Modifikation
Eingriffe, die an einem *Produkt* vorgenommen wurden, um dessen *bestimmungsgemäßen Gebrauch* zu ändern

3.26
Organisation
Gruppe von Einzelpersonen und Einrichtungen mit einem Gefüge von Verantwortungen, Befugnissen und Beziehungen

BEISPIELE Gesellschaft, Körperschaft, Firma, Unternehmen, Institution, gemeinnützige Organisation, Einzelunternehmer, Verband oder Teile oder Mischformen dieser.

Anmerkung 1 zum Begriff: Eine Organisation kann öffentlich oder privat sein.

[QUELLE: ISO 9000:2005, Definition 3.3.1, modifiziert]

10

3.27
persönliche Schutzausrüstung
spezielles Gerät oder Vorrichtung, derart gestaltet, um von einer Einzelperson zu ihrem eigenen Schutz gegen eine oder mehrere Gesundheits- und Sicherheits*gefährdungen* gehalten/getragen zu werden

3.28
Anlage
Zusammenstellung verschiedener Systeme an einem bestimmten Ort

[QUELLE: IEC 61355-1:2008, Definition 3.10]

3.29
Produkt
beabsichtigtes oder erreichtes Ergebnis einer Arbeit oder eines natürlichen oder künstlichen Vorgangs, das eine Ware oder eine Dienstleistung sein kann

Anmerkung 1 zum Begriff: Gebrauchsanleitungen werden als Teil eines Produkts gesehen.

3.30
Produktsicherheitslabel
Label an einem *Produkt*, das den Betrachter über eine oder mehrere potenzielle Gefährdungen informiert und die Sicherheitsvorkehrungen und/oder geforderten Handlungen aufzeigt, um die *Gefährdung(en)* zu vermeiden

[QUELLE: ISO 17724:2003, Definition 3.58]

3.31
vernünftigerweise vorhersehbare Fehlanwendung
Anwendung eines *Produkts* in einer Weise, die nicht als *bestimmungsgemäßer Gebrauch* in der *Gebrauchsanleitung* beschrieben worden ist, die sich jedoch aus vorhersehbarem menschlichen Verhalten ergeben kann

[QUELLE: ISO/IEC Guide 51:1999, Definition 3.14, modifiziert]

3.32
Reparatur
Teil der korrektiven *Instandhaltung*, in dem Tätigkeiten an einem Produkt ausgeführt werden, einschließlich Austausch verschlissener Teile und Wiederaufarbeitung fehlerhafter oder beschädigter Teile oder Funktionen

3.33
Risiko
Kombination der Wahrscheinlichkeit eines Schadenseintritts und seines *Schadens*ausmaßes

[QUELLE: ISO/IEC Guide 51:1999, Definition 3.2]

3.34
Sicherheitshinweis
sicherheitsbezogene Informationen, die nach einem sinnvoll organisierten System in einem *Dokument* oder Abschnitt eines *Dokuments* gesammelt oder gruppiert sind, um Sicherheitsmaßnahmen zu erklären, Sicherheitsbewusstsein zu wecken und eine Grundlage zur sicherheitsbezogenen Schulung der Nutzer zu schaffen

3.35
Sicherheitszeichen
Zeichen, das durch Kombination einer spezifischen Farbe mit einer geometrischen Form eine allgemeine und durch Zufügen eines *graphischen Symbols* eine spezielle Sicherheitsaussage ermöglicht

[QUELLE: ISO 7010:2011, Definition 3.3]

3.36
Kundendienst
Ergebnis der Tätigkeiten zwischen *Anbieter* und *Kunde* und interne Tätigkeiten des *Anbieters* mit dem Zweck, die Anforderungen des *Kunden* zu erfüllen

[QUELLE: ISO/IEC Guide 14:2003, Definition 2.2, modifiziert]

3.37
Fachkraft
Einzelperson, die aufgrund ihrer einschlägigen fachlichen Ausbildung, Schulung und/oder Erfahrung befähigt ist, *Risiken* zu erkennen und *Gefährdungen* zu vermeiden, die bei der Nutzung des *Produkts* auftreten

[QUELLE: IEV 195-04-01, modifiziert, und IEC 60204-1:2005, Definition 3.53, modifiziert]

3.38
mitgeliefertes Zubehör
mit dem *Produkt* verpacktes Teil (oder optional als Extra), das notwendig für bestimmte Zwecke oder die *Instandhaltung* des *Produkts* ist

3.39
Anbieter
Einzelperson oder *Organisation*, die *Produkte* und die damit zusammenhängende *Dokumentation* liefert

Anmerkung 1 zum Begriff: Beispiele von Anbietern sind Produzent, Hersteller, Integrator, Verkäufer, Vertriebseinrichtung, Einzelhändler, deren Agentur, Bereitsteller von Informationen oder autorisierte Vertreter.

[QUELLE: ISO/IEC Guide 14:2003, Definition 2.16, modifiziert, und ISO 9000:2005, Definition 3.3.6, modifiziert]

3.40
Zielgruppe
Personengruppe, für die die *Gebrauchsanleitung* vorgesehen ist

3.41
Gebrauch
Aktivität, die der *Nutzer* mit oder am *Produkt* während dessen ganzen Lebenszyklus ausführen darf

3.42
Nutzer
Einzelperson oder *Organisation*, die *Produkte* nutzt

Anmerkung 1 zum Begriff: In diesem Teil des IEC 82079 bedeutet der Begriff „Nutzer" „Endnutzer", sofern nicht anders angegeben.

3.43
Warnhinweis
sicherheitsbezogene Information, die *Nutzer* vor *Gefährdungen* warnt und anleitet, wie sie zu vermeiden sind

Anmerkung 1 zum Begriff: Warnhinweise sind üblicherweise in den Gebrauchsanleitungen dort gegeben, wo Aufgaben beschrieben sind, bei denen Gefährdungen auftreten können.

4 Prinzipien

4.1 Bereitstellung der Gebrauchsanleitungen

4.1.1 Allgemeines

Das Niveau der Beschreibung und die Informationstiefe müssen den Kenntnissen der Zielgruppe(n) angepasst sein. Die Gebrauchsanleitungen müssen die Vollständigkeit der relevanten Information auf einem ausreichenden Beschreibungsniveau, zugeschnitten auf den Bedarf der Zielgruppe(n), sicherstellen.

4.1.2 Gebrauchsanleitung ist Teil des Produkts

Einem Produkt muss eine Gebrauchsanleitung beigefügt werden, die seinen bestimmungsgemäßen Gebrauch fördert und alle Informationen enthält, die der Nutzer bei Gebrauch des Produkts wissen muss. Wenn die Gebrauchsanleitungen aus mehreren Dokumenten bestehen, müssen diese in einem sinnvollen und organisierten System angeordnet werden und das Orientieren unterstützen. Die Art und Weise, in der Dokumente Dritter integriert sind, hängt von Anforderungen der Kunden und Bedarfen der Nutzer ab.

Gebrauchsanleitungen müssen dazu beitragen, das Verletzungsrisiko und die Erkrankung von Menschen oder Tieren zu reduzieren, wenn sie vom Nutzer befolgt werden, sowie die Schadensrisiken, Fehlfunktionen oder den ineffizienten Betrieb des Produkts zu vermeiden. Gebrauchsanleitungen können konstruktive Mängel und fehlende Sicherheitssysteme nicht kompensieren (siehe ISO/IEC Guide 37).

4.1.3 Konsistenz der Information

Alle Informationen in einer Gebrauchsanleitung müssen in sich sowie mit dem Produkt und mit den dazugehörigen Produktinformationen, die vom Anbieter erstellt wurden, konsistent sein. Dazu gehören beispielsweise Werbung oder Angaben auf der Verpackung, jegliche Garantie- und Web-basierte Informationen. Informationen in den Gebrauchsanleitungen müssen auch mit allen rechtlichen Anforderungen übereinstimmen, die sich aus den Gewährleistungsbedingungen ergeben können. Eine einheitliche Terminologie muss in der Gebrauchsanleitung, auf dem Produkt und seiner Verpackung und in den ergänzenden Materialien, im gesamten Schulungs- und Werbematerial, einschließlich Kennzeichnungen, Label und Transportverpackungen, angewendet werden.

4.1.4 Produktgarantie

Die Produktgarantie muss alle relevanten Begriffe und Bedingungen enthalten (zum Beispiel Ablaufdatum, Kundendienstbedingungen, erlaubte Modifikationen, Verfügbarkeit von Ersatzteilen) und muss zusammen mit der Gebrauchsanleitung zur Verfügung gestellt werden.

Es kann dienlich sein, die Garantiebedingungen in einem separaten Dokument bereitzustellen, insbesondere, wenn sie zwischen verschiedenen Absatzkanälen oder Ländern variieren.

4.1.5 Nach dem Produktverkauf bereitzustellende Information

Nachdem das Produkt in das Eigentum des Nutzers übergegangen ist, kann es nützlich sein, über einen internetbasierten Informationsaustausch oder andere Kommunikationsmittel den Nutzern oder Zielgruppen Referenzkopien der Gebrauchsanleitungen (zum Beispiel alle nachfolgenden Ergänzungen oder Änderungen) und andere Informationen zur Verfügung zu stellen, die für Nutzer hilfreich sind. Wenn nach dem Verkauf der Produkte sicherheitsrelevante Änderungen in den Gebrauchsanleitungen vorgenommen werden, sollten die Nutzer – zusätzlich zur Aktualisierung der Version auf der Website – einzeln oder über Ankündigungen in Massenmedien darüber informiert werden, um die Pflichten des Anbieters entsprechend der lokalen Gesetzgebung bezüglich Rückrufen oder Produkthaftung zu erfüllen.

4.1.6 Sicherheitsaspekte

Die Einbeziehung von Sicherheitsaspekten muss in Übereinstimmung mit ISO/IEC Guide 81 sein.

4.2 Qualität der Kommunikation

Die Erstellung der Gebrauchsanleitungen, einschließlich Überprüfung und Korrekturlesen, muss in der Verantwortlichkeit von erfahrenen Schreibern oder Spezialisten liegen. Sie müssen folgende Fähigkeiten haben:

- fortgeschrittene Kompetenzen in der Kommunikation, speziell in der technischen Kommunikation;
- solide Kompetenzen in der Originalsprache;
- Vertrautheit mit dem Themenbereich;
- Kenntnisse über die Prozesskette zur Erstellung der Gebrauchsanleitungen und Kompetenz in der Anwendung der Anforderungen dieses Teils der Normenreihe 82079 in der Prozesskette.

Gebrauchsanleitungen sollten kontextuell von qualifizierten Personen lektoriert werden, die darauf spezialisiert sind, zielgruppengerecht zu schreiben.

4.3 Minimierung von Risiken

Gebrauchsanleitungen sind integraler Bestandteil des sicheren Betriebs und der Instandhaltung eines Produkts. Sie müssen Informationen bereitstellen, um jedes unzumutbare Risiko für Nutzer oder Andere, Schäden am Produkt selbst oder anderen Produkten, Fehlfunktionen oder einen ineffizienten Betrieb zu vermeiden. Gebrauchsanleitungen müssen den Nutzern die notwendigen Informationen liefern, um ihnen zu ermöglichen, eine vernünftigerweise vorhersehbare Fehlanwendung festzustellen und zu vermeiden. Dies erfordert, dass der Produktanbieter sicherstellt, dass Folgendes berücksichtigt wird:

- Die Risikobeurteilung der Nutzung, z. B. die Analyse des Prozesses von der Risikoanalyse bis zur Risikoauswertung, muss vom Anbieter nach ISO 12100 und/oder IEC 60204-1 durchgeführt werden, falls anwendbar.
- Das Restrisiko als Ergebnis der Risikobeurteilung muss in den Gebrauchsanleitungen berücksichtigt werden als sicherheitsbezogene Information in Übereinstimmung mit ISO/IEC Guide 51 sowie allen relevanten Normen für sicherheitsbezogene Informationen.
- Vernünftigerweise vorhersehbare Fehlanwendungen und Risiken, die durch die Nutzung des Produkts entstehen können, müssen behandelt werden.

Siehe auch 5.5.

ANMERKUNG Grundsätzlich hat der Anbieter die Verpflichtung, solche sicherheitsbezogenen Informationen beizufügen. Tatsächlich ist dies in den meisten Ländern eine rechtliche Anforderung.

4.4 Zielgruppe(n)

Beim Erstellen einer Gebrauchsanleitung müssen Bedarf und Fähigkeiten der beabsichtigten Zielgruppe angesprochen werden. Üblicherweise sind das diejenigen Personen, die das Produkt nutzen werden. Sie sind z. B. durch Altersgruppe, Sprache, fachliches Wissen oder fachliche Ausbildung definiert. Siehe auch 4.8.2 und 4.8.3.

Falls sich Gebrauchsanleitungen an mehr als eine Zielgruppe richten (z. B. Verbraucher und Personen, die für die Installation, die Reparatur oder bestimmte Arten von Instandhaltungen verantwortlich sind), müssen diese deutlich getrennt und entsprechend gekennzeichnet werden. Die Zielgruppen müssen am Anfang der Gebrauchsanleitung angegeben werden.

4.5 Spezielle Vorsorgemaßnahmen

Die Notwendigkeit von besonderen Schutzmaßnahmen, wie Aufsicht durch Erwachsene oder das Tragen von spezieller Kleidung, die erforderlich ist, um Nutzer und Umstehende zu schützen, soll gesondert hervorgehoben werden.

Gefahren für besonders gefährdete Gruppen wie Kinder, ältere Menschen und Personen mit Behinderungen (einschließlich z. B. Nutzern von Herzschrittmachern oder solchen, die an einer allergischen Reaktionen auf bestimmte Chemikalien leiden oder empfindlich gegen Lichteffekte sind) sollten ebenso hervorgehoben werden (siehe ISO/IEC Guide 37 und ISO/IEC Guide 71).

4.6 Produkte mit kurzer Lebensdauer

Für Produkte, bei denen die beabsichtigte Lebensdauer begrenzt ist, z. B. aus Gründen der Sicherheit, Qualität oder wirtschaftlichen Leistungsfähigkeit, müssen Angaben über das Jahr der Herstellung, das Verfallsdatum und/oder die Betriebsstunden gemacht werden.

4.7 Überlegungen zum Wesen der Gebrauchsanleitungen

4.7.1 Allgemeines

Hinsichtlich der Art der Gebrauchsanleitung muss Folgendes berücksichtigt werden:

- Schreibstil, zum Beispiel die Vermeidung diskriminierender, beleidigender Ausdrücke;
- rechtliche Anforderungen und Normen;
- spezielle Technologie, die zur Erstellung von Gebrauchsanleitungen verfügbar ist;
- relevante internationale Normen, die auf den Bedarf älterer Personen und Personen mit Behinderungen und Zugangsproblemen eingehen. Siehe ISO/IEC Guide 71.

4.7.2 Positionierung

Gebrauchsanleitungen müssen, so anwendbar, an einem oder gegebenenfalls an mehreren der folgenden Stellen zur Verfügung gestellt werden:

- innerhalb der Verpackung mit dem Produkt;
- am oder innerhalb des Produkts selbst;
- auf der Verpackung, aber nicht ausschließlich auf der Verpackung;
- auf den Websiten, die von den Anbietern angeboten werden: siehe 4.7.5, 5.7 und 6.7, aber nicht nur auf den Websiten.

Wenn es weder anwendbar noch praktikabel ist, die Gebrauchsanleitungen wie oben beschrieben zur Verfügung zu stellen, dann sollten sie als Begleitdokumentation mitgeliefert werden.

Bei komplexen Gebrauchsanleitungen ist es hilfreich, wenn bestimmte wichtige Mitteilungen zusätzlich auf dem Produkt angegeben oder angezeigt sind, z. B. durch kurze Hinweise oder Merkzettel, Aufkleber, visuelle Darstellungen oder Label.

4.7.3 Kommunikationsmittel und Medien

Die Kommunikationsmittel und Medien müssen der Umgebung und für die verschiedenen Zielgruppen (einschließlich Kinder als Nutzer, ältere Nutzer und Nutzer mit Behinderungen) angemessen ausgewählt werden. Die Entscheidung über die Medien muss sicherstellen, dass Zielgruppen dauerhaft und leicht Zugang zu allen notwendigen Informationen während der Nutzung unter vorhersehbaren Umständen haben können, vor allem zu Informationen über die Sicherheit, den bestimmungsgemäßen Gebrauch, Installation, erste Schritte, Inbetriebnahme, Fehlerbehebung, Instandhaltung und Entsorgung.

In den meisten Fällen, wie z. B. bei Verbraucherprodukten, ist eine gedruckte Version der Gebrauchsanleitung notwendig. Eine ausschließliche Bereitstellung der Gebrauchsanleitung in elektronischer Form ist in vielen Fällen nicht zulässig, z. B. hinsichtlich der Einhaltung rechtlicher Anforderungen.

Beispiele für mögliche Kommunikationsmittel und Medien sind:

a) Kommunikationsmittel
   1) grafische Symbole;
   2) Text, Video (so anwendbar einschließlich Hilfsmittel wie Ton und Untertitel), Sprache;
   3) Braille, großer Text, tastbare Formen, Zeichen oder andere sichtbare Gesten der Hand;
   4) ergänzende zusätzliche Dokumentation (z. B. Informationsblatt, Handbuch oder Informationen in Braille) oder elektronische Dokumentation (z. B. integriertes Handbuch, bespielte Datenträger oder Websites).

b) Medium
   1) Websites;
   2) geeignete Technologien, zum Beispiel RFIDs;

3) Informationsblätter mit Text und visuellen Darstellungen;
4) Handbücher für Nutzer und Instandhaltungspersonal;
5) eine grafische Nutzerschnittstelle.

4.7.4 Dauerhaftigkeit

Gebrauchsanleitungen auf dem Produkt müssen während der erwarteten Lebensdauer des Produkts leserlich sein.

Gebrauchsanleitungen auf den Verpackungen oder in Materialien, die dem Produkt beiliegen (wie zum Beispiel Informationsblätter, Handbücher, Datenmedien usw.) müssen in haltbarer Form produziert werden. Sie müssen so gestaltet und hergestellt werden, dass sie einen häufigen Gebrauch während der gesamten erwarteten Lebensdauer des Produkts überdauern, in der Umgebung, in der beabsichtigt wird, das Produkt zu verwenden. Zum Beispiel sind Ausklappseiten aus dünnem Papier nicht langlebig genug, wenn häufige Verweise auf diese erforderlich sind.

4.7.5 Verfügbarkeit

Gebrauchsanleitungen müssen mit „Aufbewahren zum Nachschlagen" oder einer Entsprechung deutlich gekennzeichnet werden, außer wenn eindeutig ist, dass sie unter keinen Umständen im Laufe der Lebensdauer des Produkts erforderlich sind. Der Anbieter des Produkts muss immer Ersatzkopien aller Gebrauchsanleitungen während der voraussichtlichen Lebensdauer des Produkts aufbewahren. Für jedes Verbraucherprodukt sollten Gebrauchsanleitungen zusätzlich auf Websites verfügbar und einfach auffindbar sein (siehe 5.7 und 6.7).

Da die Verpackung oft nicht dauerhaft ist und beim Auspacken zerstört werden kann, sollten Gebrauchsanleitungen, die zum späteren Nachschlagen aufbewahrt werden müssen, nicht nur auf der Verpackung angebracht werden. Wo es unvermeidbar ist (z. B. aus praktischen Gründen) muss der Ratschlag, sie für das spätere Nachschlagen aufzubewahren, deutlich angegeben werden. Wenn ausschließlich ein Teil der Verpackung die Gebrauchsanleitung enthält, sollte der Teil leicht trennbar sein vom Rest der Verpackung und eine angemessene Form und Größe zur Aufbewahrung haben.

4.7.6 Elektronische Hilfesysteme

Wenn ein elektronisches Hilfesystem angeboten wird, muss es einem Nutzer ermöglichen, durch die Struktur des Systems zu navigieren, so dass die Nutzer jederzeit wissen, wo sie sich in der Struktur befinden. Die Nutzer müssen jederzeit in der Lage sein, auf dem Bildschirm die Struktur zu sehen, zusammen mit ihren Knoten und dazugehöriger Information. Der Nutzer muss in der Lage sein, die Systemstruktur, wenn erforderlich, aufzuklappen oder zuzuklappen.

Warnhinweise zu vorhersehbaren außergewöhnlichen Situationen dürfen nur den Knoten der Gliederung zugeordnet sein, die sie betreffen.

4.7.7 Nutzerschulung

Wenn eine Schulung der Nutzer erforderlich ist, muss es in der Gebrauchsanleitung und, wo anwendbar, auch im Liefervertrag angegeben werden. Allerdings können Schulungen der Nutzer kein Ersatz sein für Gebrauchsanleitungen, sondern diese nur ergänzen. Schulungen der Nutzer sollten angeboten werden, wenn die Gebrauchsanleitung die allgemeinen Anforderungen, wie in 4.1.1 genannt, wegen der Komplexität des Produkts oder der Notwendigkeit umfassender Nutzerinformationen alleine nicht erfüllen kann oder wenn ausreichende Kenntnisse der Nutzer nicht erwartet werden können.

4.8 Erstellung von Gebrauchsanleitungen

4.8.1 Konformität mit dem Produkt

4.8.1.1 Verhältnis zwischen Gebrauchsanleitung und Produkt

Die Gebrauchsanleitung muss sich eindeutig auf das gelieferte Produkt beziehen, weshalb sie Angaben in Bezug auf die Identifizierung enthalten muss, mit denen das Produkt gekennzeichnet ist. Die Gebrauchsanleitung muss mindestens den Namen und die Adresse des Anbieters enthalten, die Bezeichnung der Serie, Produktname, Art des Dokuments und, falls anwendbar, die Seriennummer und eine visuelle Darstellung des Produkts.

Wenn das Produkt konform mit einer anerkannten Norm ist, muss dies deutlich angegeben werden. Zu Anforderungen an die Identifizierung siehe IEC 62507-1. Siehe auch 5.3.

Alle Gebrauchsanleitungen, die mit anderen Medien als dem Produkt selbst zur Verfügung gestellt werden, müssen das Erstellungsdatum nennen und sollten durch eine entsprechende Überarbeitungs- oder Versionsnummer identifizierbar sein.

4.8.1.2 Varianten eines Produkts

Wenn Gebrauchsanleitungen mehr als eine Produktvariante beschreiben, muss der Identifizierer einer bestimmten Variante auf Gebrauchsanleitung und Produkt deutlich erkennbar sein, um eine eindeutige Identifizierung sicherzustellen. Die Beziehung zwischen Inhalt der Gebrauchsanleitung und Bedienfunktionen verschiedener Produktvarianten muss eindeutig sein.

Wenn ein einzelnes Dokument mehrere Varianten eines Produkts abdeckt, gibt es unterschiedliche Arten, Informationen zu organisieren, zum Beispiel:

a) Jede Produktvariante hat ihre eigenen Abschnitte. Gemeinsame Inhalte werden für jede Produktvariante wiederholt. Bei dieser Lösung ist die Anzahl der Seiten groß, aber aus der Sicht des Nutzers sind die Abschnitte einfach zu lesen (gesamter Inhalt ist anwendbar für die jeweilige Produktvariante), und das Risiko für Fehlinterpretationen ist gering. Die Identifizierung der zutreffenden Produktvariante ist hervorzuheben z. B. in der Fuß- oder Kopfzeile jeder Seite (siehe 5.3).

b) Alle Produktvarianten haben einen gemeinsamen Abschnitt. Bestimmte Informationen für eine Produktvariante sind hervorzuheben, zum Beispiel durch Unterüberschriften oder unterschiedliche Farben. Dieser Lösungsweg führt zu einer kurzen Gebrauchsanleitung, erfordert aber besondere Sorgfalt beim Umsetzen und Überprüfen von Gebrauchsanleitungen.

Wenn die Option b) angewendet wird, sollte das Ergebnis durch empirische Bewertung überprüft werden, weil ein höheres Risiko von Fehlinterpretationen besteht.

4.8.1.3 Informationen für die Installation und Instandhaltung

Die Teile der Gebrauchsanleitung, die Installation und Instandhaltung beschreiben, müssen als Mindestangaben die Adressen des Anbieters oder der autorisierten Kundendienstzentren für das Produkt enthalten. Folgende Informationen sollten, so anwendbar, enthalten sein: technische Daten, Hinweise zur Garantie, Fehlersuche, eine Liste der Verbrauchsmaterialien und Informationen zur Entsorgung.

4.8.1.4 Maßeinheiten

Größen sollten üblicherweise in SI-Einheiten (Internationales System über Maßeinheiten) oder in abgeleiteten SI-Einheiten (siehe ISO/IEC 80000) angegeben werden. Allerdings müssen die in Gebrauchsanleitungen angegebenen Größen den auf dem Produkt angegebenen Maßeinheiten entsprechen. Wenn auf dem Produkt Nicht-SI-Einheiten angegeben sind, sollten in der Gebrauchsanleitung zusätzlich die Größen in SI-Einheiten angegeben werden.

4.8.1.5 Optionale Module und Extras

Informationen und Anleitungen für optionale Module und Extras sollten in der Gebrauchsanleitung deutlich getrennt werden von anderen Informationen und Anleitungen (z. B. durch Anwendung separater Hauptabschnitte, Überschriften usw.), so dass Nutzer nicht durch irrelevante Information verwirrt werden.

Wenn ein Produkt die Möglichkeit bietet, sowohl wiederaufladbare (Akku) als auch nicht aufladbare Batterien zu verwenden, sollte die Gebrauchsanleitung zwei Absätze mit den unterschiedlichen Überschriften enthalten für:

a) die Nutzung von aufladbaren Batterien (Akku);

b) die Nutzung von nicht aufladbaren Batterien.

4.8.1.6 Spezielle Werkzeuge, Geräte, Material

Wenn anwendbar, sollten Gebrauchsanleitungen Informationen zum Anschließen von Zubehör oder anderen Geräten enthalten, einschließlich dem Hinweis auf passendes Zubehör, abnehmbare Teile und jegliche spezielle Materialien. Die Gebrauchsanleitungen sollten auch den Namen und die Adresse des Anbieters nennen, bei dem spezielle Werkzeuge, Materialien usw. sowie technische Hilfe bezogen werden können.

Falls erforderlich, sollten Informationen zum Wiederverpacken für das Ersetzen, die Reparatur, das Wiederaufarbeiten, das Wiederauffüllen usw. angegeben werden.

4.8.2 Berücksichtigung der Bedarfe von Zielgruppen

4.8.2.1 Zielgruppenanalyse

Die Berücksichtigung der Bedarfe von Zielgruppen muss sich auf Analysen stützen, wie in 4.4 dargelegt. Für Verbraucherprodukte sind empirische Untersuchungen empfohlen. Siehe auch Anhang E.

4.8.2.2 Zielgruppen mit besonderen Bedarfen

Wenn Produkte dazu bestimmt sind, von Zielgruppen mit besonderen Bedarfen genutzt zu werden, müssen Gebrauchsanleitungen diese berücksichtigen. Zielgruppen mit besonderen Bedarfen sind zum Beispiel

– ältere Menschen,
– Kinder oder andere Personen, die ohne Aufsicht nicht in der Lage sind, das Produkt sicher zu nutzen,
– Menschen mit Behinderungen,
– Erwachsene, die Kinder beaufsichtigen, und
– funktionale Analphabeten.

4.8.2.3 Verständliche Terminologie

Gebrauchsanleitungen müssen für die Allgemeinheit verständlich sein, außer das Produkt ist für die Nutzung durch eine bestimmte Zielgruppe mit Fachkenntnissen vorgesehen; wenn die Anwendung von Fachbegriffen und Fachausdrücken unvermeidbar ist, muss deren Bedeutung in der Gebrauchsanleitung erklärt werden.

4.8.2.4 Bedeutung von Signalen

Die Bedeutung von Signalen wie Blinkanzeigen, Farbänderungen oder akustischen Signalen muss erklärt werden, so dass sie eindeutig von der Zielgruppe erkannt und verstanden werden können.

ANMERKUNG Beispiele von Signalzeichen stehen in IEC 60073, ISO 7731, ISO 11429, ISO 15006 und ISO/TR 16352.

4.8.2.5 Zusätzliche Informationen

Wenn zusätzliche Informationen bereitgestellt sind, entweder für besondere Zielgruppen oder für einen bestimmten Zweck, müssen diese deutlich auf der ersten Seite der Gebrauchsanleitung angegeben werden. Wenn auf zusätzliche Informationen über andere Medien zugegriffen werden kann, muss dies ebenfalls angegeben werden (siehe 4.7.3).

4.8.3 Sprachen

4.8.3.1 Allgemeines

Gebrauchsanleitungen müssen in der/den Amtssprache(n) des Verkaufslands geliefert werden, in Übereinstimmung mit den lokalen oder regionalen rechtlichen Anforderungen.

Bei der Auswahl einer zusätzliche/n/r Sprache(n) für die Gebrauchsanleitungen sollte Folgendes berücksichtigt werden:

a) Touristen, ethnische Minderheiten und grenzüberschreitende Internet-Käufer sind wahrscheinlich ein erheblicher (und zunehmender) Anteil der Kunden vieler Produkte in den Märkten vieler Länder.

b) Eine große Anzahl von Zielgruppen (z. B. Migranten und Flüchtlinge) sind nicht Muttersprachler der offiziellen Amtssprache(n) des Lands, in dem sie leben. Sie befinden sich daher in der Lage, dass sie Produkte nutzen, deren Gebrauchsanleitungen nicht in einer Sprache verfasst sind, die sie angemessen verstehen.

Wenn Gebrauchsanleitungen in mehreren Sprachen zur Verfügung gestellt werden, müssen sie durch eine dienliche Bezeichnung unterschieden werden können, z. B. mit einem Code für den Sprachnamen nach ISO 639-2. Zur Erleichterung der Nutzerfreundlichkeit sollten Gebrauchsanleitungen der verschiedenen Sprachen separat bereitgestellt werden.

Eine einzelne visuelle Darstellung darf für mehr als eine Sprache genutzt werden, vorausgesetzt, die visuelle Darstellung wird zusammen mit dem Text in jeder Sprache gezeigt und die visuelle Darstellung enthält keine bestimmten sprachbezogenen Elemente.

Darüber hinaus können wichtige Betriebs- und Sicherheitsvorkehrungen mit sprachunabhängigen Mitteln wie zum Beispiel grafischen Symbolen, Sicherheitszeichen und selbsterklärenden Darstellungen wiedergegeben werden.

4.8.3.2 Grafische Symbole einschließlich Sicherheitszeichen und Produktsicherheitslabel

Grafische Symbole einschließlich Sicherheitszeichen und Produktsicherheitslabel müssen für Zielgruppen leicht erkennbar und verständlich sein. Grafische Symbole einschließlich auf Produkten und in Gebrauchsanleitungen genutzter Sicherheitszeichen, die weder einfach verständlich noch eindeutig sind, müssen erklärt werden.

Wenn nur wenig Platz auf dem Produkt zur Verfügung steht, kann das Platzieren der Gebrauchsanleitung auf diesem Produkt problematisch sein, insbesondere in den Ländern, in denen es mehr als eine offizielle Amtssprache gibt. Diese Probleme können gelöst werden durch:

- verständliche grafische Symbole einschließlich Sicherheitszeichen und Produktsicherheitslabel (siehe 6.4);
- alpha-numerischen Codes mit einer Erläuterung der Bedeutung;
- bestimmte Wörter oder Abkürzungen (z. B. Stopp, max./min.), die international akzeptiert sind.

ANMERKUNG 1 ISO 7010, IEC 60417 und ISO 7000 enthalten international genormte Sicherheitszeichen und graphische Symbole.

ANMERKUNG 2 Die Normenreihe ISO 9186 enthält Verfahren für die Prüfung der Verständlichkeit von grafischen Symbolen einschließlich Sicherheitszeichen.

4.8.3.3 Qualität von Übersetzungen

Wenn die Gebrauchsanleitungen von der Originalsprache in andere Sprachen übersetzt werden, müssen Fachübersetzer oder Spezialisten für die Übersetzung einschließlich Überprüfung und Korrekturlesen verantwortlich sein. Diese Fachübersetzer oder Spezialisten müssen:

- grundlegende Kommunikationskompetenzen, speziell in technischer Kommunikation, haben;
- mit dem Fachgebiet vertraut sein;
- fließend die Ausgangssprache und die Zielsprache beherrschen und vorzugsweise Muttersprachler in der Zielsprache sein.

Umgangssprachliche Ausdrücke für und untypische regionale Varianten von Bezeichnungen und Produktfunktionalitäten sollten vermieden werden.

Die übersetzten Gebrauchsanleitungen sollten von qualifizierten Personen lektoriert werden, die auf zielgruppengerechtes Schreiben und Übersetzen spezialisiert sind.

5 Inhalt von Gebrauchsanleitungen

5.1 Allgemeines

Die Funktionalität der Produkte muss beschrieben werden und Fragen der Nutzer zum WO? WER? WAS? WANN? WIE? WARUM? sollten vorweggenommen und passende Antworten gegeben werden.

Die Informationstiefe hängt von der (den) Zielgruppe(n) ab und den beabsichtigten oder erlaubten Aufgaben, die im Laufe des Produktlebens ausgeführt werden.

Wenn ein Produkt in Märkte geliefert wird, wo die nationalen Gesetze die Installation und Instandhaltung durch nicht geschulte Personen verbieten, muss dies in allen Sprachversionen der Gebrauchsanleitungen, die für solche Märkte bestimmt sind, deutlich gemacht werden.

5.2 Identifikation von Gebrauchsanleitungen

Gebrauchsanleitungen müssen eine eindeutige Kennzeichnung haben einschließlich:

a) Nummer zur Identifikation;
b) Ausgabedatum;
c) Revisionsindex und Datum der Revision, sofern anwendbar;
d) Name des Herausgebers der Gebrauchsanleitung mit Adresse, wenn sie von der des Anbieters abweicht.

5.3 Identifikation des Produkts

Die Spezifikation oder Beschreibung des Produkts muss den Nutzer in die Lage versetzen, das Produkt zu identifizieren, durch:

- Produktkennzeichnungsnummer, Seriennummer, Modell und/oder Typ, siehe IEC 62507-1;
- Name/Informationen zur Identifizierung des Anbieters, zusammen mit den Kontaktdaten des Anbieters, wie leicht zugängliche Telefonnummern, Faxnummern, und alle anderen möglichen Kommunikationsmittel;
- Name, Adresse, Telefonnummern, Faxnummern, E-Mail- und Webadressen von Lieferanten spezieller Werkzeuge, Materialien usw. und fachlicher Hilfe.

Darüber hinaus muss die Spezifikation oder Beschreibung des Produkts einen allgemeinen Überblick über die Anforderungen, Leistungen und Merkmale geben und folgende Informationen, soweit anwendbar, anbieten:

- vollständige Abmessungen, z. B. Masse, Fassungsvermögen und Leistung;

- Informationen über Energieverbrauch und Eingangsspannung, Isolierungsklasse (im Falle der Isolierung der Schutzklasse II Kennzeichnung mit graphischem Symbol IEC 60417-5172 (2003-02), im Falle der Isolierung der Schutzklasse III Kennzeichnung mit graphischem Symbol IEC 60417-5180 (2003-02)) und IP-Code festgelegt in IEC 60529;
- Angaben der Energieeffizienz;
- Anforderungen an die Gasversorgung (z. B. Typ, Druck), Wasserversorgung und andere relevante Informationen über einzelne Dinge wie Reinigungsmittel, Schmierstoffe und Sicherungen (z. B. Art, Nennwert und Merkmale);
- abgestrahlter Geräuschpegel, entstehender Abfall usw. unter Angabe der jeweiligen Bedingungen;
- elektromagnetische Verträglichkeit;
- Beschreibung des vorgesehenen Nutzers (und besonders im Fall von barrierefreien Produkten eine eindeutige Aussage über alle besonderen Vorsichtsmaßnahmen, die vom Nutzer befolgt werden sollten (siehe ISO/IEC Guide 71));
- Normen und rechtliche Anforderungen, die das Produkt erfüllt;
- Hinweise zum bestimmungsgemäßen Gebrauch und zur vernünftigerweise vorhersehbaren Fehlanwendung.

Zu Prinzipien und Methoden für die genaue Spezifizierung der Produkte siehe IEC/PAS 62569-1.

Einige Produktnormen können besondere Kennzeichnungen oder Label auf dem Produkt und/oder in der dazugehörigen Gebrauchsanleitung erforderlich machen, um zu zeigen, dass das Produkt den Anforderungen der Produktnormen entspricht.

5.4 Modifikation von Produkten

Wenn ein Anbieter es nicht gestattet, dass ein Produkt modifiziert wird, muss dies deutlich in der Gebrauchsanleitung angegeben werden, einschließlich der Informationen über mögliche Konsequenzen, die aus der Modifikation entstehen können.

Wenn anwendbar, sollte deutlich gemacht werden, dass jede Modifikation des Produkts durch den Nutzer nicht empfohlen ist und jegliche Konsequenzen nicht durch den Kundendienst oder die Produktgarantie abgedeckt werden.

Wenn ein Anbieter es Nutzern erlaubt, ein Produkt zu modifizieren, muss die Gebrauchsanleitung die erlaubten (und nicht erlaubten) Modifikationen beschreiben. Gebrauchsanleitungen müssen eindeutig beschreiben und bebildern, wie die erlaubten Modifikationen durchzuführen sind (oder den Nutzer zu einer Quelle mit relevanten Informationen führen), so dass es dem Nutzer möglich ist, das Produkt korrekt zu modifizieren und ein weiterhin sicherer und effizienter Gebrauch sichergestellt ist.

5.5 Sicherheitsbezogene Informationen

5.5.1 Allgemeines

Drei Arten von sicherheitsbezogenen Informationen sind zu unterschieden:

- Sicherheitshinweise;
- Warnhinweise;
- Produktsicherheitslabel/Sicherheitszeichen.

ANMERKUNG In der Normenreihe ISO 3864 sind Sicherheitszeichen und Produktsicherheitslabel festgelegt.

Sicherheitsbezogene Informationen müssen sich auf die verschiedenen Lebensphasen des Produkts beziehen.

Sicherheitsbezogene Informationen müssen, wenn anwendbar, Folgendes enthalten:

- den bestimmungsgemäßen Gebrauch des Produkts, wesentliche/n Funktion/Zweck und Anwendungsbereich und die zu beachtenden grundlegenden Sicherheitsprinzipien;
- die Grenzen der Anwendung im Hinblick zum Beispiel auf Ort, Zeit, Umgebung und die Art der Anwendung, Materialien und Zusätze, einsetzbare Werkzeuge sowie klimatische Bedingungen für Betrieb und Lagerung wie Temperatur und Luftfeuchtigkeit, explosionsgefährdete Umgebung, Betrieb im Freien;
- deutliche und hervorgehobene Informationen über persönliche Schutzausrüstung (z. B. Kleidung, Schutzbrille), die notwendig ist, um das Produkt sicher zu nutzen;
- Schutzmaßnahmen, die die Nutzer zu installieren oder aktivieren haben;
- mögliche Gefahren für bestimmte Personengruppen oder Vorsichtsmaßnahmen, über die sich Nutzer bewusst sein müssen und die nicht unmittelbar offensichtlich sind, wenn nicht darauf hingewiesen wird;
- mögliche gesundheitliche Konsequenzen, die daraus entstehen, dass Vorsichtsmaßnahmen nicht beachtet und Gefahren nicht vermieden werden. Diese Informationen müssen nur gegeben werden, sofern Risiken oder der Schweregrad nicht offensichtlich sind.
- Beschreibung der Nutzer, z. B. Fachkräfte oder Personen, die älter als 18 Jahre sind;
- Angaben zur Einschränkung des Personenkreises, dem die Nutzung des Produkts erlaubt ist, einschließlich aller besonderen erforderlichen Fähigkeiten und Kenntnisse;
- bestimmte Anhaltspunkte, wann die Produkte nicht mehr sicher zu nutzen sind, z. B. aufgrund von Verschleiß, Alterung und Schaden;
- Informationen über sichere Entsorgung;
- Erklärung der graphischen Symbole, die in sicherheitsbezogenen Informationen angewendet werden (siehe ISO 7000, ISO 7010, IEC 60417);
- Beschränkungen und/oder Empfehlungen für die sichere Anwendung, z. B. für den Einsatz in trockener Umgebung oder kein Einsatz im Badezimmer oder anderen feuchten Umgebungen;
- Signalwörter und/oder grafische Symbole einschließlich der Sicherheitszeichen;
- Warnhinweise bezüglich Gefährdungen;
- Warnhinweise bezüglich vernünftigerweise vorhersehbarer Fehlanwendung;
- Warnhinweise bezüglich Strahlung, einschließlich nicht offensichtlicher Gefährdung, z. B. Quellen ionisierender Strahlung, Laser (nach IEC 60825-1), Mikrowellen-, Ultraviolett- und Infrarotstrahlung sowie lebensgefährlicher elektrischer Spannungen;
- die Notwendigkeit, den Zugang für Kinder oder den Kontakt mit Haustieren, Pflanzen oder Insekten zu verhindern.

Informationen über persönliche Schutzausrüstung sollten zusätzlich auf der Verpackung und/oder dem Produkt selbst gegeben werden.

Beschränkungen bezüglich der Anwendung des Produkts müssen deutlich in der Gebrauchsanleitung angegeben werden, zum Beispiel in den Spezifikationen und in Werbebroschüren am Verkaufsort (siehe auch ISO/IEC Guide 14).

ANMERKUNG Produktbezogene Normen und rechtliche Bestimmungen können zusätzliche Anforderungen enthalten.

5.5.2 Sicherheitshinweise

Sicherheitshinweise müssen sinnvoll aufgebaut und dargestellt werden. Sie müssen am Anfang der Gebrauchsanleitung in einem gesonderten Abschnitt oder Teil angegeben werden. Dieser Abschnitt oder Teil muss eindeutig identifizierbar sein und muss eine Überschrift haben, die die Bedeutung der Inhalte herausstellt.

Sicherheitshinweise müssen mindestens Hinweise für die sichere Anwendung von Produkten geben, mögliche Gefährdungen nennen, Hinweise geben, wie die Gefährdungen zu vermeiden sind, sowie die möglichen Konsequenzen nennen, wenn die Gefährdungen nicht vermieden werden.

5.5.3 Warnhinweise

Warnhinweise müssen in dem Zusammenhang genannt werden, in dem eine Gefahr auftreten kann, auf die sich die Warnhinweise beziehen. Sie müssen mögliche Gefährdungen nennen und die möglichen Konsequenzen, wenn die Gefährdungen nicht vermieden werden.

Warnhinweise müssen prägnant sein. Sie dürfen keine vollständigen Vorgänge enthalten, sondern müssen die Vorgänge, die an anderer Stelle in den Gebrauchsanleitungen beschrieben sind, ergänzen. Informationen darüber, wie man die Gefährdungen vermeidet, müssen enthalten sein. Wenn jedoch den beabsichtigten Zielgruppen die Information zur Vermeidung der Gefahr vollständig bekannt ist, darf diese Information im Warnhinweis selbst ausgelassen werden.

5.5.4 Sicherheitsbezogene Informationen für Industrieanlagen

Sicherheitsbezogene Informationen müssen mit jeder Komponente zur Verfügung gestellt werden. Wenn eine Baugruppe aus Komponenten möglicherweise zusätzliche Gefährdungen verursacht, muss die sicherheitsbezogene Information nur auf der entsprechenden Ebene der Baugruppe bereitgestellt werden. Bei der Integration von Komponenten in höhere Baugruppen sollten sicherheitsrelevante Informationen nur auf der Aggregationsebene bereitgestellt werden, auf der sie auftreten.

5.5.5 Sicherheitsbezogene Informationen in Kurzanleitungen

Kurzanleitungen müssen alle entscheidenden sicherheitsbezogenen Informationen, die für die beschriebenen Arbeitsvorgänge erforderlich sind, enthalten. Kurzanleitungen müssen Nutzer darauf hinweisen, warum und wann sie die zusätzlichen sicherheitsbezogenen Informationen in der Gebrauchsanleitung lesen müssen.

5.6 Übereinstimmung mit dem Produkt

Die Gebrauchsanleitung muss, soweit anwendbar, Informationen über rechtliche und andere Anforderungen an das Produkt enthalten.

5.7 Wichtigkeit der Aufbewahrung von Gebrauchsanleitungen

Die Aufmerksamkeit des Nutzers muss auf die Bedeutung der Aufbewahrung der Gebrauchsanleitung für die Lebensdauer des Produkts gelenkt werden, z. B. durch eine Aussage wie

WICHTIG

VOR GEBRAUCH SORGFÄLTIG LESEN

AUFBEWAHREN FÜR SPÄTERES NACHSCHLAGEN

Zusätzliche Exemplare aller Gebrauchsanleitungen müssen vom Anbieter auf Nachfrage (z. B. auf der Website) verfügbar gemacht werden, und zwar während der voraussichtlichen Lebensdauer des Produkts.

5.8 Produkte für den Gebrauch vorbereiten

5.8.1 Transport und Lagerung

Falls anwendbar müssen die Gebrauchsanleitungen Informationen zum Schutz des Produkts und für die Sicherheit von Personen während Transport und Lagerung enthalten, zum Beispiel:

- Abmessungen, Masse und Schwerpunktlage;
- Vorgehensweisen beim Heben, Handhaben und beim Transport, die ergonomisch effizient sind und Schäden vorbeugen (z. B. durch Angabe von Greifpunkten und Sperrschrauben);
- Anforderungen an die Lagerung mit dazugehörigen Umgebungsbedingungen (z. B. Feuchtigkeit, ebene Lagerung, Vermeidung direkter Sonneneinstrahlung);
- Lagerung des Produkts nach Gebrauch;
- Vorgehensweisen zur Sicherung des Produkts gegen unerwartete Erschütterungen.

5.8.2 Installation

Bei Produkten, die eine Installation erfordern, muss die Gebrauchsanleitung, soweit zutreffend, enthalten:

- Vorgehensweisen zur Entfernung von Transport- und Verpackungssicherungen und Befestigungsklemmen;
- Vorgehensweisen zum Auspacken (anzubringen auf der Außenseite der Verpackung) und zur Entfernung und sicheren Entsorgung jeglicher Schutzverpackung;
- die Checkliste der Dinge, die in der Packung enthalten sind;
- den minimalen Platz, der für Betrieb, Instandhaltung und Reparatur benötigt wird;
- Anordnungsplan;
- Anschlussplan und/oder -tabelle;
- Bedingungen für Zusammenbau und Montage;
- Vorgehensweisen, Vorsichtsmaßnahmen und rechtliche Anforderungen an den Anschluss des Produkts an Energie- und Wasserversorgung, Kanalisation und andere zusätzliche Versorgungseinrichtungen.

5.8.3 Inbetriebnahme

Bevor das Produkt betriebsbereit an den Nutzer übergeben wird, muss die Gebrauchsanleitung alle für die Inbetriebnahme des Produkts notwendigen Informationen beinhalten.

5.9 Betrieb der Produkte

5.9.1 Allgemeines

Der Nutzer muss alle Informationen für einen normalen und sicheren Betrieb sowie für den nicht normalen Betrieb des Produkts erhalten.

5.9.2 Normaler Betrieb

Gebrauchsanleitungen müssen, falls relevant, Folgendes abdecken:

- Informationen zur Betriebsumgebung;
- Informationen über alle manuellen Betriebstechniken;
- Informationen über Vor-Ort-/Fernsteuerung und wie zwischen beiden umgeschaltet wird;
- Informationen über Handbetrieb und automatischen Betrieb und wie zwischen beiden Betriebsarten umgeschaltet wird;
- Angaben zu Schwingungen bei transportablen handgehaltenen und handgeführten Maschinen;
- Möglichkeiten zum Starten/Stoppen des Produktbetriebs;
- alle vorbereitenden Arbeitsabläufe, Checks, Anpassungen oder Vorbehandlungen, die vor jedem normalen Gebrauch erforderlich sind;
- visuelle Darstellungen, die das Verständnis der Hauptfunktionen und vorbeugenden Sicherheitsvorkehrungen verdeutlichen oder stärken;
- Empfehlungen für die Beseitigung von Abfällen;
- Identifizierung und Korrektur von Fehlfunktionen.

5.9.3 Zusätzliche Informationen für automatisch gesteuerte und ferngesteuerte Produkte

Hilfesysteme müssen dem Nutzer in einem Online-Modus zusätzliche Informationen über den Betriebszustand der Produkte bereitstellen. Zum Beispiel:

- umfassende Informationen über den normalen Betrieb;

- einen Hinweis, dass das System automatisch in einen sicheren Betriebszustand umgeschaltet hat, bevor eine gefährliche Situation erreicht wurde;
- den gegenwärtigen Betriebszustand, so dass dem Nutzer gegebenenfalls klar ist, dass eine automatische Funktion ausgeführt wird;
- was zu tun ist, wenn die Steuerung ausgefallen ist;
- Anleitungen, was im Fehlerfall zu tun ist;
- Informationen darüber, ob sich das System im Hand-, Vor-Ort- oder automatischen Betrieb befindet.

ANMERKUNG Zu Software-Dokumentation für Hilfesysteme siehe IEC 61506.

5.9.4 Fehleranzeigen und Signale von Warneinrichtungen

Wahrnehmbare Anzeigen für normalen und nicht normalen Betrieb und die Wahrnehmbarkeit der Signale von Warneinrichtungen müssen in Anleitungen erklärt werden, auf die zugegriffen werden kann, ohne dass das Produkt in Betrieb ist.

Alle Signale oder Anzeigen zum Darstellen bestehender Risiken der Beschädigung oder unmittelbarer Gefährdungen müssen leicht verständlich und eindeutig sein.

Zweckdienliche Warnungen müssen bereitgestellt werden, wenn der Gebrauch des betreffenden Produkts elektro-medizinische Geräte, wie zum Beispiel Herzschrittmacher, beeinflussen könnte.

Zu geben sind Hinweise, die es den Nutzern ermöglichen, medizinische Symptome oder unerwünschte medizinische Reaktionen zu erkennen, die sich aus der Nutzung des Produkts ergeben, und die es den Nutzern ermöglichen zu verstehen, welche Korrekturmaßnahmen oder Behandlungen durchzuführen sind.

5.9.5 Außergewöhnliche Situationen/Notsituationen

Falls anwendbar, müssen folgende Informationen bereitgestellt werden:

- Abfolge von Handlungen, die im Falle einer unerwarteten Unterbrechung der Stromversorgung, Kühlung usw. vorgenommen werden müssen;
- Fehlererkennung und -lokalisierung;
- Neustart nach einem Eingriff;
- im Falle eines möglichen Brands, welche Art von Brandbekämpfungsgeräten einzusetzen ist;
- Informationen über voraussichtliche Emissionen oder das Austreten von Stoffen mit den dazugehörigen Warnungen über die Art der Gefährdung einschließlich Vorsichtsmaßnahmen, um Schaden zu vermeiden, und wenn möglich, durch welche Maßnahmen den Auswirkungen begegnet und der normale Betriebszustand wiedererlangt werden kann;
- Erste-Hilfe-Maßnahmen, die für alle vorhersehbaren akuten Erkrankungen empfohlen sind, die im Zusammenhang mit der Anwendung des Produkts auftreten können, z. B. toxischer Schock, epileptischer Anfall oder Verbrennungen, und Hinweis darauf, eine anschließende professionelle medizinische Behandlung aufzusuchen.

5.9.6 Fehlersuche und Reparatur durch nicht geschulte Personen

Wenn der Nutzer des Produkts die Fehlersuche und Reparaturen ohne das Risiko eines Schadens für sich selbst, andere Menschen oder die Sicherheit des Produkts ausführen kann, muss die Gebrauchsanleitung eine Checkliste mit möglichen Störungen (oder häufig gestellte Fragen – „FAQs“) bereitstellen. Diese Checkliste oder FAQs, einschließlich dienlicher visueller Darstellungen, müssen die Fehler eindeutig nennen, bei denen der Nutzer eine Reparatur versuchen kann. Hinweise zur Reparatur von Fehlern sollten auf diejenigen Aufgaben beschränkt werden, bei denen zu erwarten ist, dass ein fachlich ungeschulter Nutzer sie vernünftigerweise durchführen kann.

Telefon-, E-Mail- und Web-Kontaktdaten für die Übermittlung einer Beschwerde oder Anfrage beim Kundendienst sollten so bereitgestellt werden, dass auf sie zugegriffen werden kann, ohne dass das Produkt in

Betrieb ist. Mit dem Produkt muss eine Liste der Standorte und Kontaktdaten von Anbietern in dem Land oder den Ländern zur Verfügung gestellt werden, in denen es vermarktet wird, oder diese Informationen müssen auf der Website des Anbieters verfügbar sein.

5.9.7 Fehlersuche und Reparatur durch Fachkräfte

Die folgenden Informationen müssen, soweit relevant, bereitgestellt werden:

- eine Liste zur Fehleridentifizierung und -lokalisierung;
- eine Liste der Anzeigen zum Normalbetrieb;
- eine Beschreibung von eingebauten Diagnosesystemen als Hilfe zur Fehlererkennung;
- Zeichnungen und Diagramme, damit die Fehlersuche effektiv ausgeführt werden kann;
- Hinweise zum Erkennen von Gerätefehlfunktionen, nicht normalem Geräteverhalten und nicht normalen Anzeigen sowie zum Aufzeichnen von Alarm- und Fehlerzuständen;
- Hinweise zum Start von Standby- oder Ersatzsystemen und zum Ausschalten und Isolieren von fehlfunktionierenden Einheiten;
- Reparaturen und Anpassungen;
- Hilfen für Fehlersuche-Verfahren wie „functionally identified maintenance system" (FIMS – funktional identifiziertes Wartungssystem), „fault step diagnosis" (FSD – Fehlerschrittdiagnose), Fehlerschritte und -algorithmen oder, in komplexen Systemen, Fehlerbäume und rechnerunterstützte Fehlerdiagnose;
- eindeutiges Festlegen der Aufgaben zur Fehlersuche und Reparatur, die vom Nutzer unterlassen werden sollten, zusammen mit Anleitungen zum Kontaktieren des Anbieters oder Anderer, von denen fachliche Hilfe in Anspruch genommen werden kann;
- Name, Adresse, Telefonnummern, Faxnummern und alle anderen Kommunikationswege zum Anbieter oder zu anderen, von denen fachliche Hilfe in Anspruch genommen werden kann.

5.10 Instandhaltung des Produkts

5.10.1 Allgemeines

Es müssen separate Informationen für die Instandhaltung bereitgestellt werden, die von geschulten und nicht geschulten Personen ausgeführt werden können – vorzugsweise als separate Dokumente oder zumindest als separate Abschnitte.

5.10.2 Instandhaltung des Produkts durch nicht geschulte Personen

Wenn der Nutzer des Produkts Instandhaltungsmaßnahmen ohne Schaden für sich selbst, andere Menschen oder das Produkt ausführen kann, muss die Gebrauchsanleitung entsprechende Beschreibungen dieser Maßnahmen, ihrer Art und Häufigkeit enthalten.

Gebrauchsanleitungen müssen, wie gefordert, eine Liste mit möglichen Instandhaltungsmaßnahmen einschließlich geeigneter visueller Darstellungen enthalten, die es Nutzern erlauben, die Maßnahmen wirkungsvoll und ohne Schwierigkeiten durchzuführen.

Wenn bestimmte Instandhaltungsmaßnahmen häufiger durchzuführen sind als andere, müssen alltäglich durchzuführende Instandhaltungsmaßnahmen von periodischen (kurz- und langfristigen) Instandhaltungs- und Inspektionsmaßnahmen unterschieden werden.

Materialien und Werkzeuge zur Reinigung müssen ebenfalls angegeben werden, z. B. geeignete chemische Substanzen, Reinigungstücher und Bürsten. Risiken aus der Anwendung ungeeigneter Materialien und Werkzeuge müssen eindeutig angegeben werden.

Instandhaltungsmaßnahmen, die nicht vom Nutzer unternommen werden sollten, müssen deutlich gekennzeichnet werden. Der Nutzer muss angeleitet werden, wie der Anbieter oder andere, von denen fachliche Hilfe zu erhalten ist, kontaktiert werden können.

5.10.3 Instandhaltung des Produkts durch Fachkräfte

Informationen für die Instandhaltung durch Fachkräfte müssen enthalten:

- Art und Häufigkeit der Inspektionen;
- Vorbeugende Sicherheitsvorkehrungen und Warnungen für die Instandhaltung, die bei laufenden oder unter Spannung stehenden Geräten durchgeführt wird;
- Zeichnungen und Diagramme zur effektiven Ausführung der Instandhaltung;
- regelmäßige Überprüfung der Warneinrichtungen;
- Einzelheiten zu Reinigungsmethoden. Falls die Möglichkeit falscher Reinigung oder Dekontamination oder die Anwendung falscher Reinigungsmaterialien besteht, die eine Gefährdung oder Probleme durch Korrosion oder die Schwächung tragender Teile des Produkts verursachen, müssen diese ausdrücklich erwähnt werden.
- Instandhaltungspläne und falls erforderlich übergeordnete Pläne, die Einzelheiten zu allen erforderlichen Maßnahmen enthalten, die in regelmäßigen Abständen durchzuführen sind;
- Name, Adresse, Telefonnummern, Faxnummern und alle anderen Kommunikationswege zum Anbieter oder zu anderen, von denen fachliche Hilfe in Anspruch genommen werden kann.

5.10.4 Geplante Instandhaltung von Industrieanlagen

Ein umfassender Instandhaltungs- und Serviceplan für eine Industrieanlage durch Kombination der Instandhaltungs- und Servicepläne aller Schlüsselkomponenten muss erstellt werden.

5.11 Mitgelieferte Zubehörteile, Verbrauchsmaterialien, Ersatzteile

5.11.1 Zubehörteile

Die folgenden Informationen sollten, soweit erforderlich, für jedes Zubehörteil mit der Gebrauchsanleitung bereitgestellt werden:

- Name, Teilenummer und ob es zwingend erforderlich oder optional ist;
- visuelle Darstellungen, die es dem Nutzer ermöglichen, das Zubehörteil zu identifizieren, und wo es anzubringen ist;
- Beschreibung von Funktion und Zweck.

5.11.2 Verbrauchsmaterialien

Wenn Verbrauchsmaterialien erforderlich sind, müssen die folgenden Informationen in der Gebrauchsanleitung bereitgestellt werden:

- Beschreibung und empfohlene Menge der Verbrauchsmaterialien, Modellname des Anbieters oder Teilenummer, jeglicher gebräuchliche Handelsname (und für Materialien der Gattungsname);
- typische Häufigkeit des Austausches (in Zeit oder Volumen der Nutzung);
- eine visuelle Darstellung, die es dem Nutzer ermöglicht, Verbrauchsmaterialien zu identifizieren;
- eine visuelle Darstellung, um die Position der Verbrauchsmaterialien oder den Zugang zu diesen darzustellen (in einer Explosionszeichnung, falls eindeutiger);
- Informationen zum Entfernen und Austauschen oder Nachfüllen;
- Informationen zur Entsorgung der entfernten Verbrauchsmaterialien.

DIN EN 82079-1 (VDE 0039-1):2013-06
EN 82079-1:2012

5.11.3 Ersatz-/Austauschteile

Eine Liste mit nachkaufbaren Ersatz-/Austauschteilen muss bereitgestellt werden. Für jedes Teil sollten die folgenden Informationen, soweit anwendbar, bereitgestellt werden, einschließlich der für den gefahrlosen Austausch erforderlichen Fähigkeiten:

- Name, Identifikations- und Seriennummern wie am Produkt oder in der Geschäftsabwicklung verwendet;
- falls abweichend Teile-, Typ- und Versionsnummern des Anbieters sowie Name, Referenz- und Versionsnummern für OEM-Teile (OEM – Original Equipment Manufacturer);
- visuelle Darstellung des Teils und seiner Position, vorzugsweise in einer Explosionszeichnung;
- Bezugsquellen sowie alternative Bezugsquellen für Ersatzteile;
- Teile, für die ein Wiederaufarbeitungsdienst durch den Anbieter oder einen Dienstleister verfügbar ist;
- Identifizierung von Komponenten komplexer Produkte in Übereinstimmung mit IEC 81346;
- Identifizierung der Orte, an denen bestimmte Ersatzteile ausgetauscht werden können, in Übereinstimmung mit IEC 81346;
- Herstellungsjahr oder Verfügbarkeitszeitraum für Ersatz-/Austauschteile, wenn nicht in einem getrennten Dokument angegeben;
- Informationen zur Entsorgung entfernter Ersatz-/Austauschteile.

5.12 Informationen zu speziellen Werkzeugen, Geräten und Materialien

Informationen zu speziellen Werkzeugen, Gegenständen oder Geräten, die für besondere Betriebszustände erforderlich sind, aber nicht für den Normalbetrieb benötigt werden, dürfen nicht geschulten Personen üblicherweise nicht gegeben werden, sondern nur Fachkräften.

Diese Informationen müssen passendes Zubehör benennen inklusive abnehmbarer Teile und anwendbarer spezieller Materialien sowie beschreiben, wie Zubehör und andere Geräte zusammenhängen.

Vorgehensweisen zum Verpacken müssen angegeben werden, falls Austausch, Reparatur, Nachbesserung oder Wiederbefüllung des Produkts notwendig sind.

Falls anwendbar müssen Verbrauchsmaterialien, Reinigungsmittel, Schmierstoffe und Reparatursets identifizierbar sein.

5.13 Informationen zu Reparatur von Produkten und Austausch von Teilen

5.13.1 Informationen zu Reparatur von Produkten und Austausch von Teilen durch nicht geschulte Personen

Informationen für Verbraucher über die Reparatur und den Austausch von Teilen müssen bereitgestellt werden, wenn diese ohne das Risiko eines Schadens für Verbraucher, andere Personen oder die sichere Anwendung des Produkts durchgeführt werden können.

Wenn der Anbieter und die lokal geltenden Gesetze den Austausch einiger Teile durch Verbraucher erlauben, muss folgende Information den Verbrauchern zur Verfügung gestellt werden:

- die Bezugsquelle der Ersatzteile;
- die Vorgehensweise bei Reparatur oder Austausch;
- die Vorgehensweise der Prüfung nach der Reparatur oder dem Austausch, falls irgendeine Prüfung erforderlich ist.

Wenn der Anbieter den Austausch von Teilen durch Verbraucher nicht gestattet, müssen Informationen für den Kundendienst angegeben werden.

5.13.2 Informationen zu Reparatur von Produkten und Austausch von Teilen durch Fachkräfte

Informationen für Fachkräfte über die Reparatur und den Austausch von Teilen müssen bereitgestellt werden:

- um die Geräte zu reparieren und/oder Teile zu ersetzen;
- um die Prüfungen durchzuführen, die nach dem Ersatz eines Teils durchzuführen sind.

5.14 Erforderliche Informationen, wenn das Produkt nicht mehr gebraucht wird

5.14.1 Allgemeines

Gebrauchsanleitungen müssen Informationen in Bezug auf Handhabung, Wiederverwendung, Recycling oder Entsorgung des Produkts enthalten, nachdem es nicht mehr benötigt wird.

5.14.2 Demontage

Die Demontage durch den Verbraucher darf nur erlaubt werden, wenn dies keine Gefährdung darstellt.

Wenn anwendbar, muss die Gebrauchsanleitung Informationen – einzeln oder in Kombination miteinander – zur Demontage des Produkts und/oder Bearbeitung von Abfallstoffen unter gebührender Berücksichtigung der Sicherheit und des Umweltschutzes enthalten.

5.14.3 Recycling

Falls bestimmte Verfahren für das Recycling des Produkts oder seiner Komponenten erforderlich sind, müssen diese in Einklang mit den einschlägigen rechtlichen Anforderungen und/oder Normen spezifiziert werden.

5.14.4 Entsorgung

Gebrauchsanleitungen müssen für den Nutzer wichtige Informationen über die Abfallentsorgung und den Umweltschutz enthalten.

Falls das Produkt gefährliche Stoffe enthält oder falls irgendein gefährlicher Stoff mit dem Produkt zusammen geliefert wird, muss die erforderliche Information über deren Bestandteile und das korrekte Entsorgungsverfahren unter gebührender Berücksichtigung der Sicherheit und rechtlichen Anforderungen gegeben werden.

5.15 Struktur der Gebrauchsanleitungen

5.15.1 Allgemeines

Gebrauchsanleitungen, die lang oder komplex sind, müssen in geeignete Teile deutlich unterteilt werden und müssen ein gleichbleibendes Format haben. Anforderungen an die einzelnen Teile sollten in entsprechenden Produktnormen oder in technischen Dokumentationen innerhalb einer Branche unter Berücksichtigung der Bestimmungen dieses Teils der IEC 82079 angegeben werden.

Bei Gebrauchsanleitungen, die aus mehreren Handbüchern bestehen, muss ein Handbuch vom anderen durch die Informationen auf den Titelseiten und/oder Buchrücken einfach zu unterscheiden sein.

5.15.2 Seitennummerierung

Wenn die Gebrauchsanleitungen aus mehr als zwei (gedruckten) Seiten bestehen, müssen die Seiten nummeriert werden. Es wird empfohlen, dass sie als „n" von „m" nummeriert werden sollten, wobei „n" die tatsächliche Seitenzahl ist und „m" die Gesamtzahl der Seiten.

5.15.3 Inhaltsverzeichnis

Gebrauchsanleitungen, die vier Seiten überschreiten, müssen ein Inhaltsverzeichnis enthalten, es sei denn, es kann dargelegt werden, dass dies nicht notwendig ist.

Überschriften und Seitenzahlen, die im Inhaltsverzeichnis erscheinen, müssen mit denen im Text identisch sein.

5.15.4 Stichwortverzeichnis

Wenn die Gebrauchsanleitungen lang und komplex sind, sollte ein Index mit Schlagwörtern in alphabetischer Reihenfolge angegeben werden. Der Index muss im Inhaltsverzeichnis referenziert werden.

5.15.5 Fachbegriffe, Akronyme und Abkürzungen

Unvermeidbare Fachbegriffe, Akronyme und Abkürzungen, die für die beabsichtige Zielgruppe nicht sofort verständlich sind, müssen aufgelistet und erklärt werden.

Bei Verbraucherprodukten ist es hilfreich, empirische Tests durchzuführen, wenn zweifelhaft ist, ob die Fachbegriffe im Allgemeinen von der Zielgruppe verstanden werden. Es wird ein Glossar empfohlen, wenn Fachbegriffe in der Gebrauchsanleitung oft angewendet sind.

Eine gleichbleibende Terminologie muss in der Gebrauchsanleitung, am Produkt, auf der Verpackung und, falls notwendig, in Begleitmaterialien wie Handbüchern angewandt werden.

5.15.6 Grafische und tastbare Symbole und tastbare Punkte

Grafische und tastbare Symbole sowie tastbare Punkte müssen aufgelistet und erklärt werden.

5.15.7 Darstellungskonventionen

In der Gebrauchsanleitung angewendete Darstellungskonventionen müssen aufgelistet und erklärt werden, z. B. die Anwendung einer bestimmten Schriftart für Handlungen, die der Nutzer vornimmt.

5.15.8 Bedienelemente und Anzeigen

Falls zutreffend, müssen Gebrauchsanleitungen eine Beschreibung der Bedienelemente und Anzeigen enthalten, die auf die jeweilige Komponente zutreffen.

6 Gestaltung von Gebrauchsanleitungen

6.1 Verständlichkeit

6.1.1 Anerkannte Kommunikationsprinzipien

In jedem Abschnitt einer Gebrauchsanleitung sollte der dem Nutzer abverlangte Lernvorgang, soweit möglich, in eine Reihe kleiner Schritte unterteilt werden. Der Lernfortschritt kann durch das Nummerieren der sequenziellen Arbeitsschritte unterstützt werden und/oder indem der Nutzer (bei jedem Schritt) auf eine visuelle Darstellung verwiesen wird, die jede Handlung oder ihre Folgen schematisch darstellt. Jeder Schritt sollte eine einzige Handlung vermitteln.

Die Funktionen von Informationsabschnitten (zum Beispiel die Beschreibung des Produkts oder Informationen über die Fehlersuche) und von unterschiedlichen Informationsarten sollten schnell und deutlich identifizierbar sein.

Bei Schritt-für-Schritt-Anleitungen müssen Voraussetzungen für die Abfolge der notwendigen Schritte vor der Beschreibung der Handlung angegeben werden.

Wenn möglich (und besonders für die Montage) sollte der Nutzer so geführt werden, dass er einen einzelnen Schritt der Anleitung liest, dann durchführt, die Wirkung erkennt und dann den nächsten Schritt liest.

Es sollten Methoden zur Strukturierung der Gebrauchsanleitungen angewendet werden, die die logische Anwendung des Produkts unterstützen („was" sollte mit dem Produkt gemacht werden und „wie", in der richtigen Reihenfolge). Allgemeine Aspekte sollten in einem Übersichtskapitel beschrieben werden, spezifische Aspekte im jeweiligen Kontext.

Die Anwendung von visuellen Darstellungen erhöht die Verständlichkeit der Gebrauchsanleitung. Eine zweckmäßige Ausgewogenheit von Text und visuellen Darstellungen wird empfohlen. Visuelle Darstellungen müssen mit einer eindeutigen Nummer versehen werden, auf die im Text verwiesen werden kann.

6.1.2 Gestaltungsleitsatz

Ein Gestaltungsleitsatz sollte festgelegt und in der gesamten Gebrauchsanleitung befolgt werden, der zum Beispiel abdeckt:

- Schreibstil (siehe Tabelle 1);
- Formulierung;
- konsistente Anwendung von Begriffen;
- Art und Weise der Anrede der Leser;
- Gestaltung von Text- und Seitenlayout einschließlich Auswahl von Schriftart und -größe (siehe Tabelle 2).

6.1.3 Struktur

Die Formulierungen sollten den Textfunktionen entsprechen. Die Struktur der Texte sollte die verschiedenen Textfunktionen unterstützen. Solche Textfunktionen sind zum Beispiel:

- Thema (Überschrift);
- Beschreibung;
- Ziel;
- Voraussetzung;
- Zustand;
- Handlung;
- Ergebnis;
- Warnung;
- Aufforderung und Erinnerung;
- Beispiel;
- Bildtext (Beschriftung einer Abbildung oder einer Tabelle).

Die Anwendung einer einheitlichen Strukturierungsmethode wird empfohlen.

Gebrauchsanleitungen sollten zuerst Grund- oder normale Funktionen umfassen und anschließend andere Funktionen.

Überschriften müssen leicht zu verstehen sein und sollten vorzugsweise kurz und nummeriert sein. Als ein strukturierendes Element müssen diese als Leitfaden dienen, wie der Nutzer die Gebrauchsanleitung zu lesen. Sie müssen dem Nutzer helfen, die erforderlichen Informationen zu finden.

DIN EN 82079-1 (VDE 0039-1):2013-06
EN 82079-1:2012

6.1.4 Konsistente Terminologie

Die Terminologie muss konsistent nach dem redaktionellen Gestaltungsleitsatz angewendet werden, auf diese Weise verbessert sich die Verständlichkeit.

Eine konsistente Terminologie muss in den Materialien angewendet werden, sei es in der Gebrauchsanleitung selbst, auf der Verpackung, in anderen zusätzlichen Materialien und auf dem Produkt selbst.

6.1.5 Einfache und kurze Formulierung

Informationen müssen so einfach und kurz wie möglich gehalten sein und müssen in gleichbleibenden Begriffen und Einheiten ausgedrückt sein. Die Satzstruktur sollte einfach sein. Sätze sollten kurz und müssen grammatikalisch richtig sein.

Querverweise müssen auf ein Minimum begrenzt werden.

6.1.6 Eine Handlungsanweisung pro Satz

Ein Satz darf nur eine Handlungsanweisung enthalten oder höchstens eine kleine Anzahl von eng zusammenhängenden Handlungsanweisungen.

6.1.7 Regeln der einfachen Formulierung

Der Text der Gebrauchsanleitung muss in einfachen, eindeutigen, direkten Formulierungen in kurzen Sätzen geschrieben werden, also nach dem Prinzip „Ein Ausdruck, eine einfache Bedeutung". Die logische Struktur des Texts muss deutlich sein.

Abkürzungen und Akronyme müssen vermieden werden, es sei denn, es kann angenommen werden, dass sie den beabsichtigten Nutzern bekannt sind, oder die Begriffe sind beim ersten Auftreten in der Gebrauchsanleitung oder/und in einem Glossar erklärt.

Die Beispiele in Tabelle 1 sollten beachtet werden unabhängig von der angewendeten Sprache.

ANMERKUNG Übersetzer dieses Teils der Normenreihe 82079 dürfen Beispiele einer effektiven Formulierung in Tabelle 1 der Sprache austauschen, in welche die Übersetzung erfolgen soll.

Tabelle 1 – Beispiele für Schreibstil

Empfehlung	Bevorzugt	Nicht bevorzugt
Verwenden Sie die Aktivform von Verben statt die Passivform	Stellen Sie den Strom ab.	Seien Sie sicher, dass der Strom ausgeschaltet ist.
Seien Sie bestimmt und verwenden Sie eher Befehle als schwächere Formen	Entfernen Sie keine Etiketten.	Sie sollten keine Etiketten entfernen.
Anleitungen eher mit Tätigkeitsverben ausdrücken als mit abstrakten Hauptwörtern	Anwenden, instand halten, vermeiden	Anwendung, Instandhaltung, Vermeidung
Nutzer eher direkt ansprechen als sagen, was sie tun könnten	Ziehen Sie den schwarzen Hebel zu sich.	Nutzer werden den schwarzen Hebel von der Maschine wegziehen.
Vermeiden Sie doppelte Verneinungen	Nur 3-A-Sicherungen passen	Keine Sicherungen passen außer 3 A
Vermeiden Sie leicht zu verwechselnde Wörter (besonders mit Präfixen, die gleich aussehen und klingen)	Brennbarer Inhalt Hohe/(niedrige) Empfindlichkeit	Entflammbarer Inhalt Hyper/(hypo)-Empfindlichkeit

32

6.1.8 Genormte Sicherheitszeichen und graphische Symbole

Sofern anwendbar, muss die Anwendung genormter Sicherheitszeichen aus ISO 7010 oder graphischer Symbole für die Anwendung auf Geräten aus IEC 60417 und ISO 7000 berücksichtigt werden, um wichtige Mitteilungen wie Warnungen zu vermitteln.

6.1.9 Ergonomische Prinzipien

Gebrauchsanleitungen, die auf elektronischen Medien präsentiert sind, zum Beispiel online oder auf einer Bildschirmdokumentation (siehe 6.7), müssen mit den Anforderungen der Normenreihe ISO 9241 übereinstimmen.

6.1.10 Aufmerksamkeit der Leser halten

Wenn die Leser auf Ausdrücke stoßen, die sie irritieren, werden sie von der Verarbeitung der Informationen abgelenkt. Im schlimmsten Fall können sie aufhören zu lesen oder den ganzen Text außer Acht lassen.

Respektlose, voreingenommene oder herablassende Äußerungen, Annahmen oder Stereotypen sollten vermieden werden, z. B. solche im Zusammenhang mit älteren Menschen, insbesondere Nutzern mit Behinderungen, Stereotypen bezogen auf Geschlechterrollen oder Annahmen in Bezug auf Familien-/Haushaltsstrukturen.

Übertriebene Warnungen oder zu häufige Verwendung von Warnungen sind nicht hilfreich, um die Aufmerksamkeit des Lesers zu erhalten. Soweit möglich sollten Warnungen so formuliert werden, dass sie sich auf Ereignisse oder Fehler beziehen, die Nutzer voraussehen können. Zum Beispiel statt „Den Toaster nicht in Wasser tauchen" raten: „Innere Teile beim Reinigen trocken halten".

Marketing- und Werbebotschaften (z. B. unnötiges Wiederholen oder Betonen der Markennamen) dürfen nicht in die Gebrauchsanleitung eingefügt werden.

Notwendige Angaben in rechtlicher Hinsicht, z. B. Aussagen in Bezug auf die Haftung, müssen deutlich unterscheidbar und separat vom anderen Text der Gebrauchsanleitungen sein. Sie müssen in einer Weise geschrieben werden, dass die Nutzer dem Sinn und Zweck solcher Aussagen folgen können.

6.1.11 Korrekturlesen

Gebrauchsanleitungen müssen von anderen Personen Korrektur gelesen werden als vom Autor oder Übersetzer, vorzugsweise einem Muttersprachler der Zielsprache, der Kenntnisse über das betreffende Produkt hat.

Die Bewertungskriterien sind:

- Formulierung entsprechend dem Gestaltungsleitsatz;
- korrekte Rechtschreibung und Zeichensetzung;
- korrekte Grammatik;
- Konsistenz der Begriffe.

6.2 Leserlichkeit

6.2.1 Schriftgrößen und Höhen der grafischen Symbole

Die angewendete Schriftart und die angewendeten grafischen Symbole für Informationen, die auf dem Produkt stehen sowie auf den gedruckten Begleitmaterialien und den rechnergestützten Informationen, müssen so deutlich und so groß sein, wie es praktikabel ist, um größtmögliche Leserlichkeit für alle Nutzer sicher zu stellen, einschließlich älterer Nutzer und Nutzer mit Sehbeeinträchtigungen.

Empfohlene minimale Schriftgrößen und Höhen der grafischen Symbole sind in Tabelle 2 aufgeführt.

DIN EN 82079-1 (VDE 0039-1):2013-06
EN 82079-1:2012

Die beste mögliche Leserlichkeit wird erreicht, wenn die Beziehung zwischen mindestens vier Variablen optimiert wird, wie zum Beispiel: Schriftart, Schriftgröße, Anzahl der Zeichen pro Zeile (etwa 70 lateinische Zeichen) und Zeilenabstand (mindestens 120 % Schriftgröße lateinischer Zeichen).

Maßnahmen, um etwas zu betonen, müssen sorgfältig bedacht sein, da sonst die Leserlichkeit beeinträchtigt wird. Fettschrift, Unterstreichung und, wenn anwendbar, Großschreibung und Kursivschreibung dürfen dazu benutzt werden, einzelne Wörter und Sätze zu betonen, aber nicht, um ganze Abschnitte oder Bereiche hervorzuheben.

Wenn Gebrauchsanleitungen beliebigen Text in einer Schriftgröße kleiner als 10 Punkt darstellen oder die Leserlichkeit durch andere Faktoren herabgesetzt wird, wie geringer Kontrast, muss der Anbieter eine größer gedruckte Version auf Anfrage kostenlos zur Verfügung stellen.

Zum Nutzen von Verbrauchern, die sehbehindert sind, sollten die Anbieter Optionen für den Zugang zu allen Informationen über alternative Medien anbieten, z. B. Audio-Dateien oder Textdateien, die mittels Braille lesbar sind.

Tabelle 2 – Empfohlene minimale Schriftgrößen und Höhen der grafischen Symbole (1 von 2)

ANMERKUNG Der Begriff „Punkt" (hier abgekürzt „Pkt.") ist eine Maßeinheit von Schriftgrößen und Abständen. Dafür gibt es verschiedene Standards. Allerdings wird „DTP-Punkt" in diesem Teil der IEC 82079 übernommen, was 0,353 mm oder 1/72 inch bedeutet.

Größe des Produkt-/ Anleitungsdokuments	**Ort und Rolle der Instruktion**	**Hoher Kontrast – dunkler Text auf hellem Hintergrund**	**Geringer Kontrast der Farben oder Weiß auf Schwarz**	**Komplexe Zeichensätze (z. B Kanji)**	**Sonstige Anmerkungen**	**Grafische Symbole einschließlich Sicherheitszeichen**	
						Symbole allgemein	**Sicherheits-zeichen**
Gebrauchsanleitungen, betrachtet von bis zu 1 m Entfernung bei auf dem Boden stehenden Produkten	Kritische Kennzeichnungen auf dem Produkt	14 Pkt. fett **BEFPR** **68.39l,0** **QGOC** **aeocld**	16 Pkt. fett **BEFPR** **6.83l,0_** **QGOC** **aeocld**		Prüfung, ob große Schriftarten angewendet werden, die speziell entwickelt wurden, um Menschen mit Sehbehinderungen dabei zu helfen, Zeichen von 30 cm bis 100 cm zu lesen	Wie in Normen/Regelwerk erforderlich Sonst nach Betrachtungsabstand, bei welchem die Aufmerksamkeit angezogen oder Symbole erkannt werden müssen Weniger als 15 mm Größe unwahrscheinlich als ausreichend für kritische Kennzeichnungen auf dem Produkt	
	Text	14 Pkt.	16 Pkt.				
Handbücher, einzeln gefaltete Informations-blätter und Desk-Top-Produkte	Kritische Kennzeichnungen auf dem Produkt	14 Pkt. fett **BEFPR** **68.39l,0** **QGOC** **aeocld**					
	Überschriften, Warnausdrücke, Dezimalzahlen	12 Pkt. BEFPR 68.39l,0 QGOC aeocld			Serifen-Schriftarten dürfen angewendet werden.	5 mm minimale Höhe (oder 14 Pkt.) 	10 mm minimale Größe 
	Fließtext	10 Pkt.	12 Pkt.			Keine grafischen Symbole im Fließtext anwenden	

DIN EN 82079-1 (VDE 0039-1):2013-06
EN 82079-1:2012

Tabelle 2 (2 von 2)

Größe des Produkt-/ Anleitungsdokuments	Ort und Rolle der Instruktion	Hoher Kontrast dunkler Text auf hellem Hintergrund	Geringer Kontrast der Farben oder Weiß auf Schwarz	Komplexe Zeichensätze (z. B Kanji)	Sonstige Anmerkungen	Grafische Symbole einschließlich Sicherheitszeichen	
Handgeführte Produkte und mehrfach gefaltete Instruktionsblätter	Kritische Kennzeichnungen auf dem Produkt	12 Pkt.		9 Pkt. mit 150 % Zeilenabstand 電気 規格		5 mm minimale Größe	10 mm minimale Größe
	Überschriften, Warnausdrücke, Dezimalzahlen	10 Pkt. BEFPR 68.39I,0 QGOC aeocld	12 Pkt. BEFPR 68.39I,0 QGOC_ aeocld_		Anwendung nur von serifenloser Schrift ab diesem Niveau und darunter.	vorzugsweise minimale 5 mm; 4 mm/12 Pkt., wenn sehr einfach	10 mm minimale Größe außer*
	Fließtext	9 Pkt. BEFPR 68.39I,0 QGOC aeocld			**ELEKTRONISCHE, AUDIO-, ODER GROSSE DRUCKMEDIEN MÜSSEN AUF ANFRAGE ZUR VERFÜGUNG GESTELLT WERDEN**	Keine grafischen Symbole im Fließtext anwenden	
Sehr kleine Produkte und Verpackung (z. B. bedruckbare Oberfläche < 10 cm^2)	Kennzeichnungen, Überschriften, Warnausdrücke, Dezimalzahlen	8 Pkt. BEFPR 68.39I,0 QGOC aeocld	Nicht für Text kleiner als 12 Pkt. empfohlen	8 Pkt. mit 120 % Zeilenabstand 電気 規格	(z. B. auf der Website oder am Verkaufsort)	vorzugsweise minimal 5 mm; 3 mm, wenn sehr einfach	10 mm minimale Größe*
	Fließtext	6 Pkt. BEFPR 68.39I,0 QGOC aeocld				Keine grafischen Symbole im Fließtext anwenden	

* Außer das allgemeine Warnzeichen (ISO 7010-W001) begleitende Textwarnungen, die als Kennzeichnung mindestens 5 mm sein dürfen und mindestens 3 mm in Überschriften zu Text.

6.2.2 Maximaler Helligkeitskontrast

Bei gedruckten, geprägten oder gravierten Gebrauchsanleitungen muss der Kontrast (Unterschied zwischen hellen und dunklen Bereichen) so groß wie möglich sein.

Anforderungen an den Kontrast für angezeigten Text bei Bildschirmarbeitsplätzen müssen ISO 9241-300 entsprechen.

6.2.3 Leserlichkeitsnormen

Wenn nationale Normen detaillierte Informationen und Spezifikationen bezüglich der Leserlichkeit und speziell zur Beziehung zwischen Schriftgröße und Leseabstand enthalten, sollten diese berücksichtigt werden, wenn Gebrauchsanleitungen erstellt werden.

6.2.4 Layout

Das Layout muss es einfach machen, die verschiedenen Elemente von Informationen zu unterscheiden. Textblöcke sollten ein angemessenes Größenverhältnis haben und Leerraum effektiv nutzen.

Die Anordnung muss die Unterscheidung zwischen den verschiedenen Informationstypen vereinfachen, die kommuniziert werden sollen, zum Beispiel:

- Thema (Überschrift);
- Beschreibung;
- Handlung;
- Warnung.

6.2.5 Gebrauchsanleitungen auf Produktoberflächen oder Verpackungen

Die Stellen für Gebrauchsanleitungen auf dem Produkt und der Winkel zwischen ihrer Oberfläche und der vertikalen Ebene müssen so beschaffen sein, dass sie von den Nutzern aus deren Position(en) während der Nutzung des Produkts leicht gelesen und verstanden werden können. Wenn ein Produkt für Zielgruppen mit speziellen Bedarfen beabsichtigt ist, sollte dies berücksichtigt werden, wenn der Ort der Gebrauchsanleitungen festgelegt wird.

Gebrauchsanleitungen auf der Verpackung sollten sichtbar und leserlich sein, wenn das Paket in der aufrechten Position ist.

Die Vorteile in Bezug auf Dauerhaftigkeit und Erzeugung von Gebrauchsanleitungen, die in das Oberflächenmaterial des Produkts integriert sind, sollten mit den Nachteilen des Kontrastverlusts und der Leserlichkeit abgewogen werden. Die Integration von Gebrauchsanleitungen in das Oberflächenmaterial des Produkts liefert im Allgemeinen ein schlechteres Ergebnis als bei einem Druck in guter Qualität (siehe auch 6.8.4 zur Beständigkeit und Sichtbarkeit von Warnhinweisen).

6.3 Visuelle Darstellungen und unterstützender Text

6.3.1 Qualität

Auf die Qualität und Klarheit der visuellen Darstellungen muss geachtet werden und auf die Wahl, wo Fotografien, Strichzeichnungen oder CAD-generierte visuelle Darstellungen am informativsten sind. Informationen in visuellen Darstellungen sollten die Informationen ergänzen, die in anderen Formen präsentiert sind, und sie sollten verständlich sein. Die visuellen Darstellungen sollten nicht mit Informationen überladen werden. Visuelle Darstellungen von komplexen oder bestimmten Informationen haben im Detail, das sie zeigen, selektiv zu sein (z. B. Querschnitte, Einzelteildarstellungen, konzeptionelle Diagramme und Comics).

DIN EN 82079-1 (VDE 0039-1):2013-06
EN 82079-1:2012

Visuelle Darstellungen sollten im Gegensatz zu den grafischen Symbolen einschließlich Sicherheitszeichen, die so gestaltet sein sollten, dass sie mit Abstand sofort erkannt werden, selbsterklärend und derart gestaltet sein, dass die Aufmerksamkeit auf wichtige Einzelheiten gelenkt wird. Visuelle Darstellungen sollten von einem kompetenten Grafiker oder technischem Illustrator einzeln für jeden Zweck ausgewählt oder gestaltet werden.

Sofern dienlich, müssen Text und visuelle Darstellungen zusammen angewendet werden, einander unterstützend, um die Gebrauchsanleitung verständlicher zu machen. Wenn visuelle Darstellungen erklärende Texte benötigen, müssen sie beieinander stehen, so dass sie gemeinsam wahrgenommen werden (siehe auch 6.3.4). Informationen in visuellen Darstellungen und unterstützendem Text sollten identisch und deutlich sein. Die Abfolge der visuellen Darstellungen sollte logisch und verständlich sein. Visuelle Darstellungen müssen verständlich aus dem zu erwartenden Sehabstand sein.

Zusätzlich zu den Empfehlungen in 4.8.3.1 dürfen visuelle Darstellungen, die auszuklappen sind, derart auf Seiten des Informationsblatts oder Handbuchs platziert werden, dass sie neben den verschiedenen Seiten des Texts zu verschiedenen Zeiten gesehen werden können.

6.3.2 Einhaltung der Reihenfolge bei Tätigkeitsbeschreibungen

Falls eine Reihenfolge von Tätigkeiten beschrieben wird, müssen Text und visuelle Darstellungen in der gleichen Reihenfolge sein. Visuelle Darstellungen müssen zu dem Text, auf den sie sich beziehen, so nah wie möglich stehen, damit sie neben dem entsprechenden Text gesehen werden können.

6.3.3 Visuelle Darstellungen mit Bildtext

Visuelle Darstellungen sollten mit Bildtext versehen werden. Es muss eine eindeutige Beziehung zwischen visueller(n) Darstellung(en) und Bildtext geben. Die Bildtexte sollten für einen eindeutigen Verweis auf den Haupttext nummeriert werden.

6.3.4 Visuelle Darstellungen und Informationspunkte

Visuelle Darstellungen sollten üblicherweise nur relevante Informationen zur Beschreibung der entsprechenden Funktion geben. Visuelle Darstellungen oder detaillierte Teile von diesen sollten nach Bedarf in den entsprechenden Teilen der Gebrauchsanleitung wiederholt werden, um den Nutzer zu unterstützen. Eine Informationsüberlastung der visuellen Darstellungen muss vermieden werden.

Falls ein Ausufern visueller Darstellungen Schwierigkeiten bereitet, dürfen mehrere Informationspunkte in einer einzelnen visuellen Darstellung dargestellt werden, wenn das einfacher zu verstehen ist (zum Beispiel Explosions- oder Schnittzeichnungen, die verwendet werden, um mehrere Schritte in einem Vorgang darzustellen).

6.4 Grafische Symbole einschließlich Sicherheitszeichen

6.4.1 Anwendung graphischer Symbole auf dem Gerät, einschließlich Sicherheitszeichen

Graphische Symbole zum Gebrauch auf den Geräten, einschließlich Sicherheitszeichen, müssen mit ISO 7010, IEC 60417 und ISO 7000 übereinstimmen.

6.4.2 Erklärung grafischer Symbole

Grafische Symbole, Piktogramme, Kennzeichnungen und Bildzeichen, die auf dem Produkt selbst oder in Begleitmaterial angegeben sind, müssen in der Gebrauchsanleitung erklärt werden.

6.4.3 Graphische Symbole für Diagramme

Graphische Symbole für Diagramme müssen mit IEC 60617 und ISO 14617 übereinstimmen.

6.4.4 Mindestgrößen für grafische Symbole

Mindestgrößen für grafische Symbole in verschiedenen Situationen sind in Tabelle 2 aufgeführt. Sie sollten eingehalten werden, außer kleinere Größen sind durch die Dimensionen des Produkts unvermeidbar.

6.5 Anwendung von Tabellen

Tabellen werden häufig in Gebrauchsanleitungen angewendet, um dem Nutzer die Information in einer leicht zugänglichen Form zu präsentieren. Tabellen müssen dicht beim entsprechenden Text dargestellt werden.

Tabellen sind für verschiedene Zwecke nützlich, zum Beispiel für die Referenzierung und Fehlersuche. Sie müssen deutlich hervorgehoben sein, informativ sein, in einem konsistenten Design gestaltet sein, und, wenn notwendig, wiederholt wird.

6.6 Anwendung geeigneter Dokumentenarten

Gebrauchsanleitungen sollten die Dokumentenarten nutzen, die für den beabsichtigten Zweck am besten geeignet sind. Ein Überblick über anerkannte Dokumentenarten gibt IEC 61355 (Klassifikation und Kennzeichnung von Dokumenten für Anlagen, Systeme und Ausrüstungen).

Beispiele:

- Wenn eine bestimmte Abfolge von Tätigkeiten für eine sichere und korrekte Nutzung eines Produkts zu dokumentieren ist, wird die Anwendung eines Flussdiagramms empfohlen.
- Wenn eine bestimmte Sicherheitsfunktion eines Produkts zu dokumentieren ist, wird die Anwendung eines Schaltplans empfohlen, und die entsprechende Schaltung wird hervorgehoben.

6.7 Anwendung elektronischer Medien

6.7.1 Allgemeines

Elektronische Medien sind alle Arten der Kommunikation, die genutzt werden können, um die Inhalte von Dokumentationen in Form von Bildschirmanzeigen und/oder akustisch zu vermitteln. Diese umfassen:

- Audioquellen;
- Videoquellen;
- kombinierte Audio-Videoquellen;
- druckfähige Versionen von Dokumenten, die durch ein Datei-Austausch-Format auf dem Bildschirm lesbar gemacht werden und deren Layout der gedruckten Version entspricht;
- interaktive Multimedia-Anwendungen, die statische Elemente wie z. B. Text, Bilder kombinieren mit dynamischen Elementen, wie z. B. Video, Audio, Animationen, dynamische Symbole, gesprochene Sprache. Sie dürfen gleichzeitig betrieben werden, und Nutzer können sie interaktiv steuern;
- online kontextsensitive Hilfe-Systeme. Diese dürfen Elemente von interaktiven Multimedia-Anwendungen wie oben beschrieben enthalten. Darüber hinaus können sie zahlreiche Zugangs- und Suchmöglichkeiten bieten;
- Web-basierte Anwendungen der Zusammenarbeit (wie Blogs und Wikis), die die Schaffung von Inhalt durch ein virtuelles Team oder eine Gemeinschaft unterstützen.

Gebrauchsanleitungen, die mittels elektronischer Medien geliefert werden, müssen die maximalen Vorteile des gewählten Mediums ausnutzen. Jedoch müssen sie wie gedruckte Gebrauchsanleitungen leicht verständlich für den Nutzer sein und den Anforderungen dieses Teils der IEC 82079 folgen (z. B. in Bezug auf Sprachen, Leserlichkeit und visuellen Darstellungen).

Eine wichtige Überlegung für die Gebrauchsanleitungen ist die Barrierefreiheit. Vorkehrungen müssen getroffen werden, um sicherzustellen, dass alle Nutzer die benötigten Informationen erhalten können. Elektronische Medien sollten ein Medium nutzen, von dem auszugehen ist, dass ein möglichst breites

Publikum angesprochen wird. Es muss sich jedoch auf den Nutzer fokussieren, einfach zu bedienen sein und das Verständnis fördern. Zum Beispiel sollten Audio- und Video- oder Multimedia-DVDs eine Reihe von Tonspuren und Untertitel-Optionen anbieten, einschließlich einer Funktion für Gebärdensprache für Verbraucher mit Hörbehinderungen und einer Audiobeschreibung für solche mit Sehbeeinträchtigung.

Das Internet bietet potenziell Zugang zu Informationen für Nutzer mit der größten Palette individueller Bedarfe, aber es ist wichtig, dass keine Hindernisse für den Zugang versehentlich eingeführt sind, z. B. durch schwierige Methoden der Navigation oder die Anwendung von Animationen, die spezielle Software erfordern. Wenn irgendein Teil der Gebrauchsanleitung oder zugehörige Informationen im Internet zur Verfügung gestellt werden, sollten daher die Darstellung und alle notwendigen Navigationen durch diese den vom World Wide Web Consortium (W3C ®) empfohlenen Web Content Accessibility Guidelines (WCAG) genügen.

Wenn Gebrauchsanleitungen nur elektronisch verfügbar sind (das heißt ohne gedruckte Version), muss dies deutlich am Verkaufsort und auf der Verpackung angegeben werden, zusammen mit dem Medien-Format und der Art des erforderlichen Abspielgeräts für den Zugriff auf die Gebrauchsanleitung (z. B. PCs, CD-Audio- oder DVD-Video-Player).

ANMERKUNG Rechtliche Vorschriften können verlangen, dass einigen Produkten gedruckte Gebrauchsanleitungen beiliegen müssen.

6.7.2 Didaktische Anforderungen

Die didaktischen Vorteile elektronischer Medien im Vergleich zu Printmedien sollten umfassend genutzt werden, damit bessere Kommunikationsergebnisse erreicht werden. Allerdings sollten Vorkehrungen getroffen werden, damit die Nutzer nicht von der Dauer, der Informationsfülle oder Komplexität der elektronischen Sequenzen überfordert werden.

Deshalb:

- Instruktionen in elektronischen Medien müssen der Reihenfolge der Tätigkeiten folgen, die der Nutzer auszuführen hat.
- Wenn komplexe Vorgänge zu erklären sind, zum Beispiel eine schwierige Instandhaltungs- und Reparaturaufgabe, kann eine Sequenz aus passenden visuellen und auditiven Elementen das Verständnis für den Nutzer erleichtern.
- Die Anforderungen an die Vermittlung von sicherheitsbezogenen Informationen in elektronischen Medien, insbesondere in Multimedia-Anwendungen, müssen die gleichen wie die an gedruckte Medien sein (siehe 6.8).

Animationssequenzen können die Menge anderer visueller Informationen reduzieren, die für die Darstellung grundlegender Funktionen benötigt würden. Animationssequenzen müssen synchronisiert werden oder einen schriftlichen Begleittext haben.

Wenn Werbeinhalte in elektronischen Medien enthalten sind, müssen diese deutlich von der Gebrauchsanleitung getrennt sein. Das Ansehen dieser Inhalte darf nicht vor dem Betrachten der Gebrauchsanleitung erforderlich sein.

6.7.3 Anforderungen an herunterladbare Gebrauchsanleitungen

Herunterladbare Gebrauchsanleitungen müssen in einer Form angeboten werden, die eine Anzeige ohne weitere Änderungen an den üblicherweise verwendeten Betriebssystemen und Lesegeräten erlaubt. In diesem Fall müssen die Websites, von denen die Gebrauchsanleitungen heruntergeladen werden können:

- entweder die notwendige Software oder einen notwendigen Link zum Herunterladen der zum Betrachten erforderlichen Software bereitstellen;
- ein Herunterladen jederzeit ermöglichen.

6.7.4 Anforderungen an die Interaktion der Nutzer

Die Anwendungen elektronischer Medien müssen die Vorteile der dynamischen Navigation und Darstellungsmittel nutzen, um schnelles Auffinden, Verständlichkeit und gegebenenfalls das Ausdrucken der notwendigen Informationen zu erleichtern. Deshalb:

- Die Anwendung elektronischer Medien muss ein (vorzugsweise baumartiges) Navigationssystem bereitstellen, das die freie Bewegung der Nutzer innerhalb der Anwendung sowie den Zugriff auf alle individuellen Teile der Anwendung ermöglicht. Bezugspunkte müssen eine dauerhafte Orientierung der Nutzer ermöglichen und es möglich machen, jederzeit zu festen Ausgangspunkten zurückzukehren.
- Dienliche Navigationselemente wie Menüs, Schaltflächen, Hyperlinks, „Breadcrumbs" und Lesezeichen müssen bereitgestellt werden, um den Nutzern die Orientierung und Interaktion im System zu ermöglichen. Außerdem dürfen sogenannte Hot Spots, also Flächen für die Interaktion, als Einstiegspunkte für die Untermenüs dienen.
- Insbesondere für Online-Hilfe-Anwendungen, aber auch für andere fortgeschrittene Multimedia-Anwendungen kann der Zugang zu Themen mit Hilfe elektronischer Suchfunktionen realisiert werden. Die wichtigsten davon sind Inhaltsverzeichnisse, Schlüsselwortsuchen, Volltextsuchen, natürlich sprachliche Suchen und Schlagwortsuchen.
- Zur Erhaltung der Klarheit des Layouts bei umfangreichen Textteilen sollten Texte hinter anklickbaren Unterpositionen (Hot Spots) eingebettet werden. Falls erforderlich, kann der Nutzer diese aktivieren und anzeigen oder einzelne Abschnitte ausblenden.
- Druckfunktionen dürfen mit elektronisch druckfähigen Versionen von Dokumenten sowie mit Online-Hilfe-Anwendungen bereitgestellt sein. Druckfähige Versionen müssen Multimedia-Anwendungen und dynamische Webseitenelemente, die in gedruckten Seiten nicht dargestellt werden können, anpassen oder ausschließen.
- Gebrauchsanleitungen von Software müssen soweit möglich in die Nutzeroberfläche integriert werden. Wenn die Integration nicht möglich ist, z. B. wegen des Informationsumfangs, muss der Zugang direkt zur Verfügung gestellt werden, z. B. über eine Hilfe-Taste.

6.8 Sicherheitsbezogene Information hervorheben und auffällig machen

6.8.1 Text auffällig machen

Sicherheitsbezogene Informationen müssen durch die Anwendung größerer und/oder anderer Schrifttypen oder Schriftgrößen (siehe 6.2.1), durch die Anwendung von Farben (siehe 6.9), grafischen Symbolen einschließlich Sicherheitszeichen (siehe 6.4) oder anderen Mitteln hervorgehoben werden, um sie auffällig zu machen.

6.8.2 Visuelle Darstellungen auffällig machen

Visuelle Darstellungen innerhalb von sicherheitsbezogenen Informationen müssen durch die Anwendung von Farben, Formen, Positionierungen (siehe 6.3) oder anderen Mitteln hervorgehoben werden, um sie auffällig zu machen.

Verpackungen und Behälter mit gefährlichem Inhalt können tastbare Gefahrenhinweise erforderlich machen, wenn die Möglichkeit besteht, dass der Inhalt fälschlicherweise missbraucht wird von Menschen, die nicht in der Lage sind, eine visuelle Warnung zu sehen. In diesen Fällen muss ISO 11683 angewendet werden.

6.8.3 Gestaltung und Platzierung von Warnhinweisen

Warnhinweise müssen konsistent gestaltet werden, und sie müssen auffällig und hervorgehoben gestaltet werden. Bei der Formulierung und Gestaltung von Warnhinweisen muss Folgendes in Erwägung gezogen werden, um die maximale Wirksamkeit zu erreichen:

- Beginne mit den Signalwörtern (siehe 6.8.6).
- Beschränke den Text und/oder die visuellen Darstellungen auf das Wesentliche.

- Mache die Stelle, den Inhalt und den Stil der Warnhinweise auffallend nach 6.2.
- Stelle sicher, dass Warnhinweise für den Nutzer und für alle anderen gefährdeten Personen aus ihren Positionen während des Gebrauchs (siehe auch 6.2.5) und zum richtigen Zeitpunkt sichtbar sind.
- Erkläre die Quelle der Gefährdung.
- Gib deutliche Anleitung, wie eine besondere Gefährdung zu vermeiden ist.
- Platziere die von der Risikobeurteilung festgelegten Warnhinweise. Zu häufig wiederholte Warnhinweise können ihre Wirksamkeit vermindern.
- Nenne die möglichen Konsequenzen, wenn man die Gefährdung nicht vermeidet, ohne die Konsequenzen herunterzuspielen.

6.8.4 Beständigkeit und Sichtbarkeit

Warnhinweise vor speziellen Gefährdungen, die zu einem erhöhten Risiko führen, wenn die Gebrauchsanleitung nicht befolgt wird, müssen für den Nutzer während der Lebenszeit des Produkts dauerhaft deutlich sichtbar sein. Wenn Farben für Warnhinweise angewendet sind, müssen Verfärbungen und Ausbleichen berücksichtigt werden.

6.8.5 Warnhinweise hervorheben

Warnhinweise vor Gefährdungen oder Gebrauchsbeschränkungen (z. B. „Nicht für Kinder unter drei Jahren geeignet") sind entscheidend für die Sicherheit und müssen mindestens genauso auffällig angegeben sein wie andere Instruktionen in Dokumenten, die mit dem Produkt ausgegeben sind.

6.8.6 Signalwörter

Signalwörter sind in ISO 3864-2 wie folgt dargelegt:

Gefahr: Das Signalwort bezeichnet eine Gefährdung mit einem hohen Risikograd, die, wenn sie nicht vermieden wird, den Tod oder eine schwere Verletzung zur Folge hat.

Warnung: Das Signalwort bezeichnet eine Gefährdung mit einem mittleren Risikograd, die, wenn sie nicht vermieden wird, den Tod oder eine schwere Verletzung zur Folge haben kann.

Vorsicht: Das Signalwort bezeichnet eine Gefährdung mit einem niedrigen Risikograd, die, wenn sie nicht vermieden wird, eine geringfügige oder mäßige Verletzung zur Folge haben kann.

Das allgemeine Warnzeichen nach ISO 3864-2, bestehend aus einem gleichschenkligen Dreieck, das ein Ausrufungszeichen umschließt und in bestimmten Signalfarben nach ISO 3864 dargestellt ist, sollte es den Signalwörtern GEFAHR, WARNUNG und VORSICHT vorangehen.

6.9 Farben

6.9.1 Konsistenz

Die Anwendung von Farben muss konsistent sein, außerdem muss sie funktional und systematisch sein. Wenn die Gebrauchsanleitungen Sicherheitszeichen in Farbe enthalten, müssen sie den Anforderungen entsprechen, einschließlich denjenigen in Bezug auf Farben, spezifiziert in der Normenreihe ISO 3864.

6.9.2 Überlegungen zur Farbwahrnehmung

Es sollte bedacht werden, dass ein beträchtlicher Prozentsatz der Nutzer irgendeine Form von Farbfehlsichtigkeit hat. Daher darf die Information nicht nur durch den Gebrauch der Farben dargestellt werden; die Farbe ist nur ein zusätzliches Mittel für die Darstellung der Gebrauchsanleitungen und dient nur zum besseren Verständnis.

6.9.3 Überlegungen bei Fotokopien/Druck

Bei der Farbauswahl muss berücksichtigt werden, dass Farben gewählt werden, die auch bei Schwarz-Weiß-Fotokopien oder dem Ausdrucken auf einem Monochrom-Drucker unterscheidbar sind.

7 Bewertung der Konformität mit diesem Teil der Normenreihe 82079

7.1 Berufung auf Konformität mit diesem Teil der Normenreihe 82079

Aussagen zur Konformität mit diesem Teil der Normenreihe 82079 müssen davon abhängen, wie der Anbieter die Verfügbarkeit der Belege pflegt, dass die Gebrauchsanleitung (einschließlich der Sicherheitsinformationen) entweder von Experten durch Überprüfung am Schreibtisch bewertet wurde oder durch eine empirische Bewertung, z. B. durch einen Usability-Test nach den Anforderungen und Leitlinien in den Anhängen A, B und C.

Die Checkliste in Anhang B führt Arten und Angaben von Informationsinhalten auf, die (in Abhängigkeit von der Art des Produkts) notwendigerweise für einige oder alle Nutzer mittels der Gebrauchsanleitungen bereitgestellt werden könnten. Konformität kann dadurch angezeigt werden, dass die Punkte einer nach dem anderen angekreuzt werden, wenn sie ausreichend abgedeckt sind.

Die Checkliste in Anhang C fasst die Kriterien zusammen, nach denen

– die Wirksamkeit der Gebrauchsanleitung bei der Kommunikation der Informationen zu beurteilen und
– die Wirksamkeit, das Verhalten der Nutzer zu beeinflussen, vorherzusagen ist.

Für die meisten Produkte kann weder eine 100%ige Wirksamkeit der Gebrauchsanleitung erreicht noch qualitativ gemessen werden, und so muss in der Praxis die Beurteilung auf subjektiven Urteilen basieren. Die Checkliste darf eher als Leitfaden angewendet werden, um Angaben in der Gebrauchsanleitung zu kritisieren, die nachweislich nicht wirksam sind, anstatt sie nur als eine Liste von Kriterien zu verwenden, nach der für das Dokument als Ganzes Noten vergeben werden. Konstruktive Kritik ist auf den bestimmten Abschnitt zu beziehen, der zu verbessern ist, und die Gründe sind anzugeben, warum dieser als nicht wirksam betrachtet wurde (und vorzugsweise wie er überarbeitet werden könnte, um wirksam zu werden).

Bei keiner Checkliste sollte davon ausgegangen werden, dass sie für jede Art von Produkt umfassend ist. Sie muss gegebenenfalls ergänzt und/oder geändert werden im Einklang mit den einschlägigen Produktnormen oder (in Ermangelung einer solchen Norm) im Einklang mit Normen von vergleichbaren Produkten oder Funktionen oder auf andere geeignete Weise.

Falls unabhängige Zertifizierungen der Konformität erforderlich sind (ob durch Rechtsvorschriften, Produktnormen oder vertragliche Spezifikationen), müssen in unabhängigen Zertifikaten genannt werden:

- welche Nachweisdokumente (das heißt, Forschungsberichte oder Prüfergebnisse) vom Anbieter vorgelegt wurden, nachdem die Gebrauchsanleitung bewertet wurde;
- ob die Nachweise entsprechend dem oben genannten Punkt auf einer Überprüfung am Schreibtisch durch Experten oder einer empirischen Bewertung basieren;
- der Name der Stelle oder Einzelperson, die diese Beurteilungen gemacht hat.

7.2 Aus Bewertungen resultierende Nachweisdokumente

Forschungsberichte oder Prüfergebnisse müssen nennen:

- welche Gebrauchsanleitung und Einzelhandelspackung zur Prüfung eingereicht wurde;
- die Sprachfassung der Gebrauchsanleitung, die bewertet und für die die Einhaltung dieses Teils der IEC 82079 angenommen wurde;
- ob die Produktprobe komplett zusammengebaut geliefert wurde oder als Teil der Beurteilung der Gebrauchsanleitung zusammenzubauen war;

- welche Aspekte der Beurteilung auf Untersuchung am Schreibtisch durch Experten und welche auf empirischer Bewertung basieren;
- den Namen der Stelle oder Person(en), die diese Beurteilungen gemacht hat;
- den Namen der Stelle oder Person(en), die verantwortlich ist für die Kontrolle und Überprüfung jeder Übersetzung.

Ein Anspruch auf Konformität mit diesem Teil der IEC 82079 kann nicht erhoben werden, es sei denn, die Gebrauchsanleitungen wurden von geeigneten qualifizierten Experten bewertet. Diese Experten dürfen nicht schon vorher beim Schreiben der Gebrauchsanleitungen oder an der Entwicklung, Gestaltung, Produktion oder Vermarktung für das fragliche Produkt beteiligt gewesen sein. Siehe auch Anhang A.

ANMERKUNG In Abhängigkeit von der Komplexität des Produkts und dem Umfang der für eine sichere und korrekte Anwendung des Produkts dem Nutzer bereitzustellenden Informationen kann es erforderlich sein, die Gebrauchsanleitung während der Entwicklungsphase zu bewerten, und/oder es können interne Bewertungen und Überarbeitungen von Entwürfen der Gebrauchsanleitung erforderlich sein, um diese zu optimieren, bevor sie einer dritten Partei zur Bewertung vorgelegt werden.

Anhang A
(normativ)

Bewertung der Gebrauchsanleitung

A.1 Allgemeines

Gebrauchsanleitungen sollten in Übereinstimmung mit den folgenden Kriterien bewertet werden.

A.2 Auswahl von Methoden für die Bewertung

In Abhängigkeit von der Komplexität des Produkts und der Wichtigkeit, dem Nutzer relevante Informationen zu vermitteln, um eine sichere und korrekte Anwendung sicher zu stellen, sollte die Bewertung erfolgen in Form von:

- Untersuchung am Schreibtisch durch Experten außerhalb des Teams der Produktentwicklung;
- interaktiver, empirischer Bewertung der Gebrauchsanleitungen durch eine Übersicht, welche die Bandbreite möglicher Nutzer und/oder Zielgruppe(n) abdeckt;
- Kombinationen von beiden.

A.2.1 Untersuchung am Schreibtisch durch Experten

Die Beurteilung durch Überprüfung am Schreibtisch darf nur von entsprechend qualifizierten Experten durchgeführt werden, die in keiner Verbindung zu irgendeinem Aspekt der Konstruktion, der Produktion oder des Marketings des Produkts und seiner Gebrauchsanleitung stehen.

Das eigentliche Produkt (und vorzugsweise die Verpackung) müssen dem Forscher oder dem unabhängigen Gutachter zur Verfügung gestellt werden, nicht nur die Anleitungsmedien.

Die Kontrolle des Umfangs sollte anhand der Checkliste in Anhang B durchgeführt werden.

Die Effektivität der Prüfungen sollte anhand der Checkliste in Anhang C durchgeführt werden.

Es kann erforderlich sein, dass die Untersuchung am Schreibtisch durch die Überprüfung einer unabhängigen Stelle zu ergänzen ist, zum Beispiel, wenn das Bereitstellen von Informationen am Verkaufsort eine Anforderung ist.

Das Ergebnis jeder Übersetzung muss Korrektur gelesen und auf Verständlichkeit und sprachliche Genauigkeit geprüft werden durch Anwenden der relevanten Kriterien in der Checkliste im Anhang C als Leitfaden für Kommentare.

A.2.2 Empirische Bewertung möglicher Nutzer und/oder Zielgruppe(n)

Siehe Anhang E zu Leitlinien für empirische Methoden.

DIN EN 82079-1 (VDE 0039-1):2013-06
EN 82079-1:2012

Anhang B
(informativ)

Checkliste für Konformität und Kommentare

ANMERKUNG Die Checkliste in Tabelle B.1 erhebt keinen Anspruch auf Vollständigkeit.

Tabelle B.1 – Checkliste für Konformität und Kommentare (1 von 3)

Zu überprüfende Punkte		Relevanter Abschnitt	Einhaltung	Kommentare
1	**Identifizierung**	4.8.1, 5.2, 5.3		
1.1	Markenzeichen und Typkennzeichnung			
1.2	Nr. des Models, Version, Typ, Untergruppe			
1.3	Verfallsdatum			
1.4	Aktualitäts-Kontrolle / zum Beispiel Datum der Veröffentlichung des Handbuchs einschließlich der Produktmodifikationen			
1.5	Anbieter und Zulieferer spezieller Werkzeuge, Material usw. sowie technische Hilfe			
1.6	Kontaktdaten des Anbieters / der Service-Agentur			
1.7	Zertifizierungsreferenzen			
1.8	Anforderungen bestimmter Produktnormen			
2	**Technische Spezifikation des Produkts und seine Restgefährdungen**	4.3, 4.5, 5.3, 5.5, 5.9.4		
2.1	Funktionen und Anwendungsbereich			
2.2	Sichere und korrekte Nutzung; hauptsächliche Restgefährdungen, allgemeine Warnungen über das Produkt oder die Nutzung			
2.3	Abmessungen – Masse – Kapazität			
2.4	Chemische Zusammensetzung			
2.5	Leistungsdaten			
2.6	Angaben zur Energie-, Gas-, Wasserversorgung und anderen Verbrauchsmaterialien (z. B. Reinigungsmittel, Schmiermittel)			
2.7	Energieverbrauch und angewandte Messverfahren			
2.8	Emission von Lärm, Abwasser usw., mit angewendeten Messverfahren			
2.9	Erwartete Lebensdauer des Produkts und beabsichtigte Beseitigung			
2.10	Informationen zur persönlichen Schutzausrüstung (z. B. Bekleidung)			
2.11	Informationen über Gefahren für besonders schutzbedürftige Gruppen (z. B. potenzielle Allergien oder Stroboskop-Effekte)			

46

Tabelle B.1 (2 von 3)

	Zu überprüfende Punkte	Relevanter Abschnitt	Einhaltung	Kommentare
3	**Vorbereitung des Produkts für die Nutzung**	5.8		
3.1	Sicherheitsvorkehrungen vor der Installation			
3.2	Auspacken			
3.3	Sichere Entsorgung der Verpackung			
3 4	Installation und Montage (z. B. spezielle Werkzeuge, Platz für Instandhaltung und Reparatur)			
3 5	Lagerung und Schutz während der Intervalle der normalen Nutzung			
3.6	Wiederverpacken zur Vermeidung von Schaden beim Transport			
3.7	Informationen über Vorgänge, die nur von Fachpersonal auszuführen sind. Trennung dieser Informationen von Gebrauchsanleitungen für Laien. Verständlichkeit der Gebrauchsanleitung für Fachpersonal			
4	**Betrieb der Produkte** – Struktur von grundlegenden Vorgängen/Funktionen zu anspruchsvollen Vorgängen/Funktionen – sinnvolle Trennung zwischen Ausgangsprodukt und optionalen Modulen	5.9		
4.1	Grundlegende Funktionen – vollständig für den korrekten bestimmungsgemäßen Gebrauch – vollständig für den sicheren bestimmungsgemäßen Gebrauch – vollständig für die vernünftigerweise vorhersehbare Fehlanwendung – Konformität mit der Minimumliste der relevanten Produktnorm(en)			
4.2	Sekundäre Funktionen (Details identisch mit 4.1 oben)			
4.3	Optionale Module und Extras			
4.4	Persönliche Schutzausrüstung			
4.5	Kurzanleitungen – durch Merkzettel, Aufkleber oder Zeichen – durch Verweis auf das Handbuch usw.			
4.6	Entsorgung von Abfallprodukten			
5	**Vom Nutzer benötigte Informationen**	4.8.2.4, 5.9		
5.1	Erklärung der sichtbaren und hörbaren Signale			
5.2	Unterschiede zwischen Merkmalen eines normalen und fehlerhaften/gefährlichen Betriebs			
5.3	Hinweise zur Fehlersuche (z. B. in Form von häufig gestellten Fragen und Verfahren zur Fehlererkennung) – verständlich für Verbraucher und unter gebührender Berücksichtigung der Sicherheit			

DIN EN 82079-1 (VDE 0039-1):2013-06
EN 82079-1:2012

Tabelle B.1 (3 von 3)

	Zu überprüfende Punkte	Relevanter Abschnitt	Einhaltung	Kommentare
6	**Wartung des Produkts**	5.10		
6.1	Sicherheitsvorkehrungen (z. B. persönliche Schutzausrüstung, spezielle Werkzeuge)			
6.2	Instandhaltung des Produkts durch Laien			
6.3	Instandhaltung des Produkts durch Fachkräfte			
6.4	Kontrollen der Sicherheit/Alterung während der Instandhaltung			
7	**Kritische Sicherheits- und Gesundheitsinformationen**	4.7.6, 5.5, 6.8		
7.1	Warnhinweise – korrekte Orte • auf dem Produkt und/oder • auf der Verpackung und/oder • in Gebrauchsanleitungen – falls relevant, sichtbar am Verkaufsort – korrekte Anwendung von Begriffen – korrekter Gebrauch der Signalwörter – Gebrauch einfacher/standardisierter Sätze – Dauerhaftigkeit der Warnungen – Konformität mit Anforderungen in relevanten Produktnorm(en)			
7.2	Sicherheitssignale			
7.3	Informationen über Restrisiken			
7.4	Sichere Entsorgung des Produkts am Ende seiner Nutzungsdauer			
7.5	Umweltauswirkungen bei der Produktnutzung			
8	**Konsistenz in der Informationsgestaltung und mit dem gesamten angebotenen „Produkt"**	4.1.2, 4.1.3, 4.7.2, 5.15, 6.1, 6.2.5		
8.1	Integrierte Gestaltung des Produkts und der Gebrauchsanleitung – keine Kompensation konstruktiver Mängel			
8.2	Konsistente Terminologie auf dem Produkt selbst sowie auf der Verpackung, den Begleitmaterialien, den Websites und Marketingmedien			
8.3	Struktur von Text und Grafiken – Struktur folgt Kommunikationsprinzipien – Anwendung aussagekräftiger Überschriften – unnötige Informationen ausklammern, um eine Informationsüberlastung zu vermeiden (z. B. Werbung, umfangreiche Wiederholungen, zu viele Dokumente)			
8.4	Anbringungsort(e) und Darstellung der Gebrauchsanleitung			
8.5	Nummerierte Seiten und/oder Absätze mit Inhaltsverzeichnis und/oder Index entsprechend der Länge und Komplexität des Texts. Anwendung von Schlagwörtern			

48

Anhang C
(informativ)

Checkliste für die Effektivität der Kommunikation

Die Liste in Tabelle C.1 enthält Kriterien für die subjektive Bewertung jedes einzelnen Punkts in der Gebrauchsanleitung, der zu beurteilen ist – z. B. jede Warnung auf dem Produkt, jeder Absatz in Informationsblättern und jede Grafik. Es ist nur notwendig, die Kommentare für diejenigen Punkte oder Abschnitte aufzuzeichnen, die als verbesserungsbedürftig angesehen werden. Die Bewertungen sollten Gründe aufführen, warum der Punkt als nicht wirksam angesehen wurde (und vorzugsweise erklären, wie er geändert werden könnte, um wirksam zu werden).

ANMERKUNG Diese Checkliste erhebt keinen Anspruch auf Vollständigkeit.

Tabelle C.1 – Checkliste zur Effektivität der Kommunikation (1 von 3)

Themen, die anzusprechen sind		Relevanter Abschnitt	Bewertung	Kommentare
1	**Zielgruppen**	4.1.1, 4.4, 4.7.3, 4.8.2, 4.8.3, 5.14.1, 6.2.5		
1.1	Zielgruppe/n spezifiziert			
1.2	Gebrauchsanleitungen adäquat präsentiert für die Zielgruppe/n			
2	**Ort und Medium**	4.7.2, 5.15, 6.1.1, 6.7		
2.1	Platzierung auf dem Produkt, der Verpackung oder in Begleitmedien erfüllt Anforderungen an Verfügbarkeit und Dauerhaftigkeit			
2.2	Warnfunktion ist entsprechend der Nutzerbedürfnisse (Bedeutung/Sichtweite usw.)			
2.3	Platz in Ordnung oder Reihenfolge in Bezug auf andere Informationen folgen Kommunikationsprinzipien			
2.4	Gruppiert unter entsprechenden Überschriften und gefunden im Index			
2.5	Gebrauchsanleitungen und unterstützende Medien, die den Nutzern auf der Website des Anbieters mit einem breiten Spektrum individueller Zugangsbedürfnisse zur Verfügung stehen			
3	**Leserlichkeit von Text**	6.2		
3.1	Klare Schrift und angemessene Schriftgröße (abhängig vom Leseabstand)			
3.2	Linienlänge und Linienabstand			
3.3	Kontrast zu Hintergrund			
3.4	Effektiver Gebrauch von weißem Raum			
3.5	Dauerhaftigkeit der Leserlichkeit des Texts auf dem Produkt (oder auf der Verpackung)			

DIN EN 82079-1 (VDE 0039-1):2013-06
EN 82079-1:2012

Tabelle C.1 (2 von 3)

	Themen, die anzusprechen sind	Relevanter Abschnitt	Bewertung	Kommentare
4	**Wortlaut und Aufbau des Texts**	5.15, 6.1		
4.1	Text/Gebrauch von Wörtern			
	– Wörter und Sätze nicht kompliziert oder übermäßig anspruchsvoll			
	– kurze Sätze			
	– ein Satz – eine Handlungsanweisung. Nicht zu viele Informationen in einem Satz			
	– im Aktiv formuliert und ausdrückliche Handlungsanleitungen			
4.2	Angewendete Begriffe für Merkmale und Handlungen des Nutzers			
	– wenn möglich, für den Verbraucher geläufige Begriffe benutzen			
	– technische Merkmale und Begriffe gut erklärt			
	– konsistente Anwendung von Begriffen			
4.3	Kommunikationsprinzipien			
	– Förderung von schnellen Reaktionen (z. B. simple und einfache Informationen für den Notfall)			
	– Festlegung eines Lernprozesses für komplexe Funktionen			
	– Beantwortung der Fragen WO? WER? WAS? WANN? WIE? WARUM?			
5	**Mehrere Sprachvarianten**	4.8.3		
5.1	Eindeutige Unterscheidung/Identifizierung der Sprachfassungen			
5.2	Jede Sprachversion überprüft von einem Muttersprachler, auf Verständlichkeit und Nichtvorhandensein sprachlicher Fehler			
6	**Illustrationen**	6.3		
6.1	Eindeutigkeit von illustrierten Merkmalen und Handlungen bei einem beabsichtigten Betrachtungsabstand (Eindeutigkeit; selbsterklärend ohne Text, wann immer möglich)			
6.2	Ausreichende Anzahl von Illustrationen für jeden, um eindeutige und spezifische Informationen zur Verfügung zu stellen			
6.3	Illustrationen unterstützt durch eindeutige und hilfreiche Bildtexte			
6.4	Eindeutige Verbindungen oder Querverweise zwischen Text und Illustrationen			
6.5	Kann dicht am entsprechenden Text gezeigt werden, wenn notwendig			
6.6	Wiederholte Illustrationen, wenn notwendig			

50

Tabelle C.1 (3 von 3)

Themen, die anzusprechen sind		Relevanter Abschnitt	Bewertung	Kommentare
7	**Anwendung grafischer Symbole**	6.1.8, 6.2.1, 6.2.5, 6.4		
7.1	Ausreichende Größe, um bei einem beabsichtigten Betrachtungsabstand verständlich zu sein			
7.2	Anwendung genormter Symbole, wo möglich (in genormten Farben)			
7.3	Genormten Gestaltungsprinzipien folgen (z. B. zu Form und Farbe) für jedes neue Symbol			
7.4	Jedes Symbol eindeutig im Text erläutern			
7.5	Dauerhaftigkeit von Symbolen auf dem Produkt (oder auf der Verpackung)			
8	**Tabellen, konzeptionelle Diagramme und Flussdiagramme**	6.5, 6.6		
8.1	Gegebenenfalls zur Verfügung gestellt und angeordnet			
8.2	Eindeutig dargelegt und informativ			
8.3	Wiederholte Tabellen, Diagramme und Flussdiagramme, wenn nötig			
9	**Anwendung von Farben**	6.9		
9.1	Funktional			
9.2	Klar und einfach unterscheidbar			
9.3	Konsistent			
10	**Erklärung von sichtbaren und hörbaren Signalen**	4.8.2.4, 5.9.4		
10.1	Deutlichkeit der Information den Nutzern zur Verfügung stellen			
10.2	Lichter, Geräusche, Textanzeigen (oder andere Angaben), die möglicherweise durch das Produkt in jeder Phase gegeben werden, werden an jedem relevanten Punkt im Text erläutert.			
11	**Gebrauchsanleitungen mittels elektronischer Medien**	6.7		
11.1	Angeben, ob zur Ergänzung oder anstelle einer Gebrauchsanleitung in Text			
11.2	Der Struktur und Sprache im Text folgend, außer sie sind ungeeignet für das Medium			
11.3	Angebot von mehrsprachigen Optionen und Text/Audio-Optionen			
12	**Dauerhaftigkeit**	4.7.4		
12.1	Diejenigen Beschreibungen der Gebrauchsanleitung, die zum Nachschlagen oder für neue Nutzer aufzubewahren sind, sollten in Medien sein, die angemessene Vorkehrungen bieten gegen Verlust oder Alterung in der zu erwartenden (normalen) Lebenszeit des Produkts und von ihrer Entsorgung abschrecken.			

Anhang D
(informativ)

Planung der Erstellung von Gebrauchsanleitungen

D.1 Allgemeines

Dieser Anhang enthält einen Leitfaden für die Planung der Erstellung von Gebrauchsanleitungen. Dieser Leitfaden basiert auf einem Beispiel für einen Plan, der typische Verfahren für die Erstellung von Gebrauchsanleitungen enthält, von der Konzeption bis hin zur Veröffentlichung und aus den drei Phasen Planung, Entwicklung und Optimierung besteht.

D.2 Einschränkungen bei der Planung der Erstellung

Die für die Erstellung (der Gebrauchsanleitung) vorgesehene Zeit, Ressourcen und Priorität können Einfluss auf die Qualität und Wirksamkeit der für die Nutzer bereitgestellten Informationen haben (z. B., wenn die Planung noch nicht begonnen hat, bis das Produkt hergestellt wird, oder die Autoren untrainiert sind oder die Bewertung ohne vorherige Prüfung erfolgt). Es ist die Verantwortung der Geschäftsleitung, die Ressourcen, Zeitpläne und Qualitätsziele so festzulegen, dass die Planung, Erstellung und Bereitstellung eine qualitativ hochwertige Gebrauchsanleitung zur Folge hat.

a) Die verantwortlichen Personen, beispielsweise die Geschäftsleitung, sollten sicherstellen, dass die Entwicklung der Gebrauchsanleitung parallel zur Entwicklung der Produktgestaltung und des Marketings betrachtet wird, so dass (zum Beispiel):
   - die Wahl des/r angewendeten Mediums/Medien zur Vermittlung der Gebrauchsanleitung früh im Prozess der Gestaltung (siehe 4.7.3) erfolgt;
   - detaillierte Listen eines genauen Inhalts, der aufzunehmen ist (Handlungsanweisungen, Warnungen und Nutzerinformationen – siehe Abschnitt 5), während der Entwicklung des Produkts zusammengestellt werden kann;
   - Stellen für Informationen auf dem Produkt, die sichtbar sein müssen, von der äußeren Gestaltung und der Machart der Oberfläche der Produkte und Verpackungen her möglich sein sollten (siehe 6.2.5).

b) Die verantwortlichen Personen, beispielsweise die Geschäftsleitung, sollten die Verfügbarkeit (durch Kombination von Personalressourcen und den Zugang zu externen Beratern) aller notwendigen Fähigkeiten und Erfahrungen für das Erstellen der Gebrauchsanleitung veranlassen.

   Je nach Produkt können diese beinhalten:
   - Schreiben technischer Dokumentation;
   - menschliche Fehler/ergonomische Kompetenz;
   - grafisches künstlerisches Schaffen;
   - Gestaltung/Schaffen von elektronischen Medien;
   - gründliches Verständnis der Produktentwicklung und der beabsichtigten Funktionen;
   - erforderliche wissenschaftliche/fachliche Kenntnisse und Erfahrungen, um Gefährdungen zu analysieren und Beschädigung, Verschleiß und Fehler, die während der Nutzung wahrscheinlich auftreten, vorauszusehen;
   - Kompetenzen in der Beachtung von Rechten und Produkthaftung;
   - Kompetenz in fachlicher Übersetzung jeder Sprache, die angewendet werden soll.

   Ein Autor, der zunächst nicht mit dem Produkt, sondern mit den Sprachbedarfen der Zielgruppe vertraut ist, ist am besten in der Lage, die Bedarfe der Erstnutzer zu berücksichtigen.

c) Die verantwortlichen Personen, beispielsweise die Geschäftsleitung, sollten über die Methode zur Bewertung des Entwurfs der Gebrauchsanleitung entscheiden (in einem frühen Stadium) und über die Agentur oder Einzelperson, die diese durchführen werden, so dass ohne Verzögerungen für die Produktion, Verpackung oder Einhaltung rechtlicher oder vertraglicher Anforderungen genügend Zeit eingeplant werden kann.

D.3 Planung der Erstellung im Detail (Beispiel)

Ein einziges Beispiel kann nicht alle möglichen Information geben, die jede Anforderung abdeckt. Daher ist jeder hier aufgelistete Schritt mit der entsprechenden Anforderung zu vergleichen, die abhängig ist von der Komplexität, dem Risiko, den rechtlichen Aspekten usw. Dieses Beispiel ist für ein ziemlich groß angelegtes und umfassendes Projekt. Es kann jedoch hilfreich sein, um Autoren von Gebrauchsanleitungen einfacherer Produkte das Spektrum von zu planenden Prozessen zu veranschaulichen.

Während des Prozesses der Erzeugung einer Gebrauchsanleitung sollten mehrere Schritte berücksichtigt werden. Nachfolgend wird beschrieben, welche Schritte dazu beitragen können, dass die Gebrauchsanleitungen gut durchdacht sind und den Nutzern die für sie erforderlichen Informationen bieten. Die hier beschriebenen Schritte sind anzupassen und zu ergänzen entsprechend den Anforderungen der Seite, die für die Entwicklung der Gebrauchsanleitung verantwortlich ist.

a) Analysen, festlegen allgemeiner Bedingungen

Um allen Anforderungen gerecht zu werden und sicherzustellen, dass die Gebrauchsanleitung für ihren Einsatzzweck geeignet und relevant ist, sollten Quellen, wie rechtliche Anforderungen, Verträge und Normen, untersucht werden. Dies wird die Grundlage für die Erstellung einer Liste von Anforderungen liefern, der die Gebrauchsanleitung genügen muss. Folgende Aspekte sollten untersucht werden:

- das Produkt, auf das sich die Gebrauchsanleitung bezieht: Ziel und Funktion des Produkts, ähnliche Produkte und deren Gebrauchsanleitungen, die Struktur des Produkts, Restrisiken (aus der Risikobeurteilung), mögliche Probleme und Fehlerbehebung, Ersatzteile und Optionen, Einhaltung und Konformität, Produkt-Lebenszyklus;
- der vorgeschlagene Markt (Märkte), in dem das Produkt angewendet werden wird: Merkmale des Markts (Märkte), Vertriebswege des Produkts;
- alle rechtlichen und normativen Anforderungen für alle Märkte, die zu erfüllen sind. In der Regel kennt der Produktentwickler die rechtlichen und normativen Dokumente, die für das Produkt gelten;
- die relevanten Zielgruppen: beabsichtigte Nutzer und andere Personen, die in der Nutzung des in Frage kommenden Produkts zu unterweisen sind.

Nach Abschluss der obigen Analysen sollte eine detaillierte Liste der Anforderungen ausgearbeitet werden, bevor mit der Erstellung der Dokumentation begonnen wird.

b) Planung und Projektmanagement

Die Entwicklung von Gebrauchsanleitungen erfordert ein spezielles Projektmanagement und eine Projektkommunikation. Aufgaben, Verantwortlichkeiten, Zulassung und Meilensteine sollten eindeutig festgelegt werden. Ein Redaktionsschluss kann hilfreich sein, um sicherzustellen, dass alle relevanten Informationen rechtzeitig zur Verfügung stehen.

c) Konzeption

Gebrauchsanleitungen sollten auf der Grundlage eines gut durchdachten Konzepts entwickelt werden. Ein Konzept ist notwendig, um Konsistenz und Zugänglichkeit der Informationen sicherzustellen.

Komponenten einer Konzeption sind (Aufzählung ist nicht abschließend):

- Leitlinien und Definition der angestrebten Qualität der Informationen;
- Art und Struktur der Dokumente, um dem Nutzer einen optimalen Zugang zu der Information zu geben;
- Kombination von mehr als einem Dokument, falls anwendbar;
- Anwendung von Texten, die Arten der Visualisierung und die Koordination von Text und Visualisierung;

- Medien-Konzept;
- medienspezifisches Layout und medienspezifische Navigation;
- Informationsarten (z. B. Handlungsabfolge, Komponentenbeschreibung, Bildschirmbeschreibung, Instandhaltungsplan, Tabelle zur Fehlersuche, Sicherheitshinweis, Warnhinweis und ihre Kommunikationsmuster (Definition, Struktur, Formulierungen und Schreibregeln);
- wenn die Gebrauchsanleitungen aus Informationsmodulen bestehen: Beschreibung und Art der Module;
- Art und Weise der Anwendung von Querverweisen und Links;
- Single-Source-Konzept, falls anwendbar;
- Regeln der Sprache und der allgemeinen Textbildung;
- Terminologie und ihre Anwendung in den Gebrauchsanleitungen;
- Glossar und Stichwortverzeichnis, wenn Terminologie von herausragender Bedeutung ist;
- Globalisierung und Internationalisierung, die Erstellung der Übersetzung und Lokalisierung.

Das Konzept sollte festgelegt und mit gut ausgearbeiteten und getesteten Beispielen in einem internen Stilleitfaden erklärt werden. Insbesondere wenn eine Gebrauchsanleitung von einem Team technischer Redakteure und/oder über einen längeren Zeitraum produziert wird, sind ein Stilleitfaden und eine entsprechende Ausbildung der technischen Redakteure notwendig, um Qualität und Konsistenz sicherzustellen. Der Stilleitfaden sollte in einer Art präsentiert werden, die die Anwendung beim Bearbeiten und Schreiben leicht macht.

Üblicherweise wird ein Konzept für eine Reihe von Gebrauchsanleitungen festgelegt. Das Konzept selbst sollte regelmäßig verbessert werden.

d) Gebrauchsanleitung als Teil des Produkts

Die Entwicklung der Gebrauchsanleitung ist ein integraler Bestandteil der Entwicklung und Gestaltung des Produkts.

Besonders in Bezug auf die Sicherheit sollte der Entwickler der Gebrauchsanleitung in die Risikobeurteilung einbezogen werden, um die Grenzen der Gebrauchsanleitung deutlich zu machen, den Bedarf an gestalterischer Sicherheit auszuarbeiten und um ein optimales Zusammenspiel konstruktiver Mittel zu erhalten, z. B. inhärente Sicherheit, Sicherheitsvorrichtungen, Sicherheitseinrichtungen, Gestaltung der Schnittstelle Nutzer–Produkt und Informationen wie Warnhinweise, Sicherheitshinweise, Ausbildung, Verpackung.

Alle verfügbaren Quellen von Rückmeldungen der Nutzer sollten auf Anzeichen von Mängeln in Gebrauchsanleitungen von früheren ähnlichen Produkten durchsucht werden, z. B. Kundenbeschwerden, Kundendienstberichte, Analysen der Ursachen von Unfällen und Verletzungen und Überprüfung von Produkten aus dem Internet.

Wann immer Fachkräfte für die Installation erforderlich sind oder zum Betrieb und zur Wartung eines Produkts, muss der Text diese Anforderung nennen. Dies ist eine absolute Voraussetzung für die Sicherheit und/oder technischer Grund dafür, dass keine anderen Personen das Produkt montieren, betreiben, warten oder auseinandernehmen (siehe 5.9, 5.10 und 5.13). Die Qualifikationen und Kenntnisse, die von diesen Personen gefordert werden, müssen deutlich in den Gebrauchsanleitungen oder in den relevanten schriftlichen Dokumenten genannt sein.

e) Recherche

Die Recherche ist ein entscheidender Faktor bei der Entwicklung der Gebrauchsanleitung. Wenn möglich, sollte das Produkt zur Verfügung stehen, um korrekte und angemessene Gebrauchsanleitungen zu garantieren.

Rechercheinterviews sollten gut geplant werden. Interviewte Entwickler sollten die notwendigen Ressourcen und genügend Zeit haben, um alle Informationen korrekt zu geben.

Produktentwickler sollten verpflichtet werden, Informationen zur Verfügung zu stellen, wenn das Produkt verändert wird. Es sollte ein richtiger Austauschprozess eingeführt sein, so dass die Gebrauchsanleitung falls notwendig geändert werden kann.

Es sollte dafür gesorgt sein, dass Ergebnisse aus der Überwachung mit Konsequenzen für Gebrauchsanleitungen (z. B. Beschwerde-Management, Kundendienst und Publikationen) in Betracht gezogen werden.

Wenn bestehende Informationen erneut verwendet werden, sollten sie überprüft sein, um die Relevanz und die Genauigkeit vor der Veröffentlichung sicherzustellen. Falls notwendig, benötigen derartige Informationen eine Anpassung.

f) Erstellung von Inhalten

Der Inhalt sollte auf der Grundlage des Konzepts und der Forschung erstellt werden. Kapitel und Abschnitte sollten in einem Inhaltsverzeichnis geplant werden. Jedes Kapitel und jeder Abschnitt sollte einer einzigen Informationsart zugeordnet sein. Ein solcher Plan darf als Grundlage zur Dokumentation aus Informations-Modulen dienen.

Checklisten und Werkzeuge für die Unterstützung der Autoren sind hilfreich, um korrekte Terminologie, Formulierungen, Struktur und Vollständigkeit der Informationen sicherzustellen. Autorenwerkzeuge und Redakteure sollten die Autoren so gut wie möglich unterstützen.

Es sollten frühe Qualitätskontrollen und Nutzer-Tests der Entwurfsfassungen durchgeführt werden, um Fehler in einem frühen Stadium der Entwicklung der Gebrauchsanleitung aufzudecken und zu vermeiden.

g) Qualitätsüberprüfungen

Gebrauchsanleitungen sollten entsprechend den Anforderungen und dem Stilleitfaden sorgfältig überprüft werden durch eine Person, die im Bereich der technischen Kommunikation fachkundig ist oder mindestens 5 Jahren Erfahrung in diesem Bereich hat. Für das Lesen und die nachfolgende Bearbeitung sollte genügend Zeit eingeplant werden.

Überprüfungen der fachlichen Richtigkeit sollten geplant und durchgeführt werden.

Erfüllt die Gebrauchsanleitung die Anforderungen nicht, ist eine Entscheidung über die weitere Bearbeitung notwendig. Es sollte die Absicht angestrebt werden, nicht zu versagen.

h) Qualitätssicherung

Empirische Bewertungen (Nutzer-Tests) sollten zeigen, ob die Gebrauchsanleitung das Ziel erreicht. Nutzer-Tests sollten in der Entwicklung des gesamten Produkts durchgeführt werden, einschließlich der Gebrauchsanleitung. Alle Verbesserungen sollten in die Anforderungen, die Qualitätssicherung und den Stilleitfaden aufgenommen werden, um einen kontinuierlichen Fortschritt in der Qualität der Gebrauchsanleitungen zu erlangen. Listen mit Veränderungen dürfen angewendet werden, um Verbesserungen zu organisieren.

i) Übersetzung

In den meisten Fällen kann die Übersetzung nicht von höherer Qualität als der Quelltext sein. So ist eine hohe Qualität und Übersetzungseignung des Quelltexts von größter Bedeutung für die Qualität und Sicherheit des übersetzten Texts.

Übersetzungsvorhaben sollten gut geplant und verwaltet werden, einschließlich einer sprachlichen und fachlichen Überprüfung durch Personen, die die notwendigen Fähigkeiten haben. Zweckdienliche Normen für Übersetzungen sollten berücksichtigt werden.

j) Medienproduktion

Die erzeugte (zum Beispiel gedruckte) Gebrauchsanleitung sollte innerhalb der erwarteten Lebensdauer des Produkts nutzbar sein (siehe 4.7.4). Gedruckte Gebrauchsanleitungen sollten auf dauerhaftem Papier gedruckt sein.

DIN EN 82079-1 (VDE 0039-1):2013-06
EN 82079-1:2012

Anhang E
(informativ)

Empirische Methoden zur Unterstützung der Erstellung von Gebrauchsanleitungen

E.1 Allgemeines

Eine Vielzahl von empirischen Methoden kann bei der Erstellung von Gebrauchsanleitungen eingesetzt werden:

- Befragungen (schriftliche Befragungen, mündliche Befragungen, Gruppendiskussionen);
- Usability-Testing;
- Selbsteinschätzungen und Checklisten;
- Gutachten, Überprüfungen durch Experten und Zertifikate;
- Unabhängige Preise und Leistungsprogramme;
- Beschwerdemanagement, Hotlines und Kundendienstinformationen.

E.2 Methoden

E.2.1 Befragungen

	Schriftliche Befragungen	Mündliche Befragungen	Gruppendiskussionen
Anwendungs-bereich/Ziele	• Zufriedenheitsanalysen • Zielgruppenanalysen • Identifizierung von Informationen über die Nutzung, zum Beispiel warum, wo, wie oft • Identifizierung der Nutzer-bedürfnisse	• Beurteilung/Bewertung der Dokumentation in Bezug auf Umgang und Arbeiten mit den Gebrauchsanleitungen • Vergleich von verschiedenen Dokumenten • kleine Anwendungsaufgaben können integriert werden	• Identifizierung der Nutzer-bedürfnisse • Beurteilung/Bewertung der Dokumentation in Bezug auf Umgang und Arbeiten mit den Gebrauchsanleitungen • Vergleich von verschiedenen Dokumenten/Dokumentations-stilen
Vorteile	• kostengünstig • geografisch verteilte Zielgruppen erreichbar • Ermittlung von Häufigkeit • statistisch repräsentative Daten	• Missverständnisse bei der Frageninterpretation werden weitgehend vermieden • Befragte können Änderungs-vorschläge machen • Hintergrundinformationen und Erklärungen möglich	• gegensätzliche Meinungen können diskutiert werden • das kreative Potenzial der Gruppe kann Lösungsvorschläge erzeugen • einfach und praktisch
Nachteile	• Beispiele von Gebrauchsan-leitungen begrenzt integrierbar • nur begrenzt Erklärungen und Hintergründe zu den Antworten • Fragebögen sollten von Experten entwickelt werden	• zeitaufwändig und relativ teuer • Verfügbarkeit der Befragten kann begrenzt sein • ausgebildete Person als Interviewer benötigt • Repräsentativität der Ergebnisse nicht immer garantiert	• Druck der Gruppe kann Meinungsäußerungen beschrän-ken und Perspektiven einengen • keine statistische Repräsentativität • nur qualitative Ergebnisse

56

E.2.2 Usability-Tests

Anwendungsbereich/Ziele:

- Entwicklung neuer Gebrauchsanleitungen/Dokumentation;
- Prüfung von Gebrauchsanleitungen/Dokumentation oder Vergleich von verschiedenen Dokumenten;
- Prüfung der Verständlichkeit und Nutzbarkeit.

Vorteile:

\+ zuverlässige Ergebnisse über die Nutzbarkeit einer Dokumentation und
\+ Schwachstellen sind schnell erkennbar.

Nachteile:

– spezielle Labortechniken sind erforderlich;
– statistische Darstellung der Ergebnisse sollte nachgewiesen sein;
– vergleichsweise kostenintensiv.

E.2.3 Selbsteinschätzungen und Checklisten;

Anwendungsbereich/Ziele:

- Beurteilungen der Qualität nach fachlichen Kriterien und
- Checklisten nach Normen.

Vorteile:

\+ kostengünstig;
\+ Vergleich von verschiedenen Gebrauchsanleitungen nach den gleichen Kriterien möglich;
\+ Prozess und Veränderungen über die Zeit bzw. Schritte zur Optimierung können erkannt werden.

Nachteile:

– trotz objektiver Beurteilungskriterien können subjektive Unterschiede in der Beurteilung nicht ausgeschlossen werden;
– keine Informationen ermittelbar über Wünsche und Anforderungen der Kunden;
– Know-How erforderlich für die Beurteilungsentwicklung.

E.2.4 Gutachten, Überprüfungen durch Experten und Zertifikate

Anwendungsbereich/Ziele:

- Beurteilung von Gebrauchsanleitungen nach festgelegten Kriterien;
- Analyse von Schwachpunkten;
- Vorkehrungen in Bezug auf Rechtsstreitigkeiten.

Vorteile:

\+ Expertenbeurteilung;
\+ variable Anzahl von Test-Kriterien;
\+ Identifizierung von Schwachstellen;
\+ Zertifizierung der Einhaltung von bestimmten Anforderungen.

Nachteile:

- – Unfähigkeit, eine objektive Beurteilung durch einen einzigen Experten sicherzustellen;
- – vergleichsweise hohen Kosten (der umfassenden Gutachten/Zertifikate);
- – keine zwingende Anforderung, um Vorschläge zur Verbesserung einzubringen;
- – trotz Zertifikat keine Enthaftung.

E.2.5 Erkenntnisse aus unabhängigen Preisen oder Leistungsprogrammen

Anwendungsbereich/Ziele:

- Zertifizierung der hohen Qualität eines Produkts nach allgemein anerkannten Richtlinien und
- Wettbewerb mit anderen Informationsprodukten.

Vorteile:

- \+ unabhängige Experten;
- \+ kostengünstig;
- \+ Vergleichbarkeit von Beurteilungsergebnissen mit denen anderer Informationsprodukte.

Nachteile:

- – Kriterien-Checkliste ist nicht auf eine bestimmte Frage/ein bestimmtes Problem zugeschnitten und
- – spiegelt nicht unbedingt die Sicht der Kunden in Bezug auf Qualität wieder.

E.2.6 Rückmeldungen aus Beschwerdemanagement, Hotlines und Kundendienstinformationen

Anwendungsbereich/Ziele:

- kontinuierlicher Verbesserungsprozess;
- Optimierung von Anfragen der Handhabung;
- Verbesserung des Informationsprodukts.

Vorteile:

- \+ kontinuierliche Rückmeldungen;
- \+ Informationen können für die Verbesserung der Gebrauchsanleitung angewendet werden;
- \+ Kosten der Hotline können reduziert werden.

Nachteile:

- – keine systematische Bewertung nach festgelegten Kriterien;
- – keine quantitative Bewertung darüber, wie häufig das Problem ist;
- – beschränkt sich auf negative Reaktionen aufgrund der so genannten Selbstauswahl der Teilnehmer.

Literaturhinweise

IEC 60073, *Basic and safety principles for man-machine interface, marking and identification – Coding principles for indicators and actuators*

ANMERKUNG Harmonisiert als EN 60073.

IEC 60848, *GRAFCET specification language for sequential function charts*

ANMERKUNG Harmonisiert als EN 60848.

IEC 61082-1:2006, *Preparation of documents used in electrotechnology – Part 1: Rules*

ANMERKUNG Harmonisiert als EN 61082-1:2006 (nicht modifiziert).

IEC 61310-1, *Safety of machinery – Indication, marking and actuation – Part 1: Requirements for visual, acoustic and tactile signals*

ANMERKUNG Harmonisiert als EN 61310-1.

IEC 61355-1:2008, *Classification and designation of documents for plants, systems and equipment – Part 1: Rules and classification tables*

ANMERKUNG Harmonisiert als EN 61355-1:2008 (nicht modifiziert).

IEC 80416-1:2008, *Basic principles for graphical symbols for use on equipment – Part 1: Creation of graphical symbols for registration*

ANMERKUNG Harmonisiert als EN 80416-1:2009 (nicht modifiziert).

IEC 81346-1, *Industrial systems, installations and equipment and industrial products – Structuring principles and reference designations – Part 1: Basic rules*

ANMERKUNG Harmonisiert als EN 81346-1.

ISO/IEC 80000 (alle Teile), *Quantities and units*

ISO/IEC Guide 14:2003, *Purchase information on goods and services intended for consumers*

ISO/IEC Guide 37, *Instructions for use of products by consumers*

ISO/IEC Guide 74, *Graphical symbols – Technical guidelines for the consideration of consumers' needs*

ISO Guide 73:2009, *Risk management – Vocabulary*

ISO/IEC DGuide 81, *Guidelines for the inclusion of security aspects in standards*

ISO 7731, *Ergonomics – Danger signals for public and work areas – Auditory danger signals*

ISO 9000:2005, *Quality management systems – Fundamentals and vocabulary*

ANMERKUNG Harmonisiert als EN ISO 9000:2005 (nicht modifiziert).

ISO 9186 (alle Teile), *Graphical symbols – Test methods*

ISO 10628, *Flow diagrams for process plants – General rules*

ANMERKUNG Harmonisiert als EN ISO 10628.

ISO 11429, *Ergonomics – System of auditory and visual danger and information signals*

ISO 15006, *Road vehicles – Ergonomic aspects of transport information and control systems – Specifications and compliance procedures for in-vehicle auditory presentation*

ANMERKUNG Harmonisiert als EN ISO 15006.

ISO/TR 16352, *Road vehicles – Ergonomic aspects of in-vehicle presentation for transport information and control systems – Warning systems*

Web Content Accessibility Guidelines (WCAG) 2.0, B. Caldwell, M. Cooper, L. Reid, G. Vanderheiden, Editors, W3C Recommendation, 11 December 2008

Anhang ZA
(normativ)

Normative Verweisungen auf internationale Publikationen mit ihren entsprechenden europäischen Publikationen

Die folgenden Dokumente, die in diesem Dokument teilweise oder als Ganzes zitiert werden, sind für die Anwendung dieses Dokuments erforderlich. Bei datierten Verweisungen gilt nur die in Bezug genommene Ausgabe. Bei undatierten Verweisungen gilt die letzte Ausgabe des in Bezug genommenen Dokuments (einschließlich aller Änderungen).

ANMERKUNG Ist eine internationale Publikation durch gemeinsame Abänderungen modifiziert worden, durch (mod) gekennzeichnet, dann gilt die entsprechende EN oder das HD.

Publikation	Jahr	Titel	EN/HD	Jahr
IEC 60204-1 (mod.)	2005	Safety of machinery – Electrical equipment of machines – Part 1: General requirements	EN 60204-1 + Cor. Februar	2006 2010
IEC 60417	Daten bank	Graphical symbols for use on equipment	–	–
IEC 60529	–	Degrees of protection provided by enclosures (IP Code)	–	–
IEC 60617-DB	Daten bank	Graphical symbols for diagrams	–	–
IEC 62507-1	–	Identification systems enabling unambiguous information interchange – Requirements – Part 1: Principles and methods	EN 62507-1	–
IEC/PAS 62569-1	2009	Generic specification of information on products – Part 1: Principles and methods	–	–
ISO/IEC Guide 51	1999	Safety aspects – Guidelines for their inclusion in standards	–	–
ISO/IEC Guide 71	2001	Guidelines for standards developers to address the needs of older persons and persons with disabilities	–	–
ISO 3864	Reihe	Graphical symbols – Safety colours and safety signs	–	–
ISO 3864-2	–	Graphical symbols – Safety colours and safety signs – Part 2: Design principles for product safety labels	–	–
ISO 7000	–	Graphical symbols for use on equipment – Index and synopsis	–	–
ISO 7010	–	Graphical symbols – Safety colours and safety signs – Registered safety signs	EN ISO 7010	–
ISO 9241	Reihe	Ergonomic requirements for office work with visual display terminals (VDTs)	EN ISO 9241	Reihe
ISO 11683	–	Packaging – Tactile warnings of danger – Requirements	EN ISO 11683	–
ISO 12100	–	Safety of machinery – General principles for design – Risk assessment and risk reduction	EN ISO 12100	–
ISO 14617	Reihe	Graphical symbols for diagrams	–	–

Weiterführende Literatur 10

Baum, Thilo: 30 Minuten für gutes Schreiben. GABAL Verlag, Offenbach 2004.

Baumert, Andreas: Gestaltungsrichtlinien – Style Guides planen, erstellen und pflegen, doculine square 4. Reutlingen 1998.

Baumert, Andreas/Verhein-Jarren, Annette: Texte für die Technik – Leitfaden für Praxis und Studium. Springer, Berlin/Heidelberg 2012.

Glunck, Fritz R.: Schreib-Art – Eine Stilkunde. München 1994.

Hoffmann, Walter/Hölscher, Brigitte, G.: Erfolgreich beschreiben – Praxis des Technischen Redakteurs, Organisation · Textgestaltung · Redaktion, 2. Aufl., Berlin/Offenbach 1994.

Langer/Schulz von Thun/Tausch: Sich verständlich ausdrücken (Das Hamburger Verständlichkeitskonzept), 8. Aufl., München 2006-05.

Lanze, Dipl.-Ing. Werner: Das technische Manuskript, Ein Handbuch mit ausführlichen Anleitungen für Autoren und Bearbeiter, 3. Aufl., Essen 1983.

Märtin, Doris: Erfolgreich texten! Die besten Techniken und Strategien, mit über 200 Beispielen und Übungen. München 1999.

Marks H. Eberhard: Berichten über Technik, mündlich · schriftlich · audiovisuell. Düsseldorf 1963.

Microsoft, Manual of Style for Technical Publications, 3rd ed. Redmond 2003.

Oemig, Peter: Redaktionsleitfaden, Grundstein zur Dokumentation. Schenkenzell 2004.

Pichler, Wolfram W.: Die Qualitätsanleitung. Ein Leitfaden für Qualitätsfanatiker mit Checklisten zur Qualitätsaufzeichnung nach DIN EN ISO 9001 ff., doculine square 1, 9. Auflage, Reutlingen 1997.

Schirm, Rolf W.: Kürzer, knapper, präziser. Der neue Mitteilungsstil moderner Führungskräfte. Düsseldorf/Wien 1970.

Schlenkhoff, Andreas: Technische Dokumentation. Beschreibende und anleitende Texte erstellen – Duden-Ratgeber, Mannheim/Zürich 2012.

Schneider, Wolf: Deutsch für Kenner. Die neue Stil-Kunde. Hamburg 1987.

Schneider, Wolf: Deutsch für Profis. Handbuch der Journalistensprache. 29. Aufl., Hamburg 2010.

Schneider, Wolf: Deutsch für junge Profis. Wie man gut und lebendig schreibt. 1. Aufl., Berlin 2010.

Schneider, Wolf: Deutsch fürs Leben. Was die Schule zu lehren vergaß. Reinbek 1994.

Schulz, Matthias: „Kampf der Blähung". Wie man Anleitungen verständlich schreibt. Schenkenzell 2004.

tekom – Gesellschaft für technische Kommunikation e.V., Leitlinie „Regelbasiertes Schreiben". Deutsch für die Technische Kommunikation, Stuttgart, 2. Auflage 2013.

Stichwortverzeichnis